ÉMILE WETTERLÉ

ANCIEN DÉPUTÉ AU REISCHTAG
ET A LA CHAMBRE D'ALSACE-LORRAINE

PROPOS
DE GUERRE

I. PROPOS DE GUERRE
II. TYPES D'ALLEMANDS
III. LE SOLDAT-MARTYR

Préface de M. Maurice BARRÈS, de l'Académie Française.

SOCIÉTÉ GÉNÉRALE D'ÉDITIONS ILLUSTRÉES
(PIERRE LAFITTE & Cie)

PROPOS DE GUERRE

ÉMILE WETTERLÉ

ANCIEN DÉPUTÉ AU REICHSTAG
ET A LA CHAMBRE D'ALSACE-LORRAINE

PROPOS DE GUERRE

I. PROPOS DE GUERRE

II. TYPES D'ALLEMANDS

III. LE SOLDAT-MARTYR

Préface de M. Maurice BARRÈS, *de l'Académie Française.*

SOCIÉTÉ GÉNÉRALE D'ÉDITIONS ILLUSTRÉES

(PIERRE LAFITTE ET Cie)

PRÉFACE

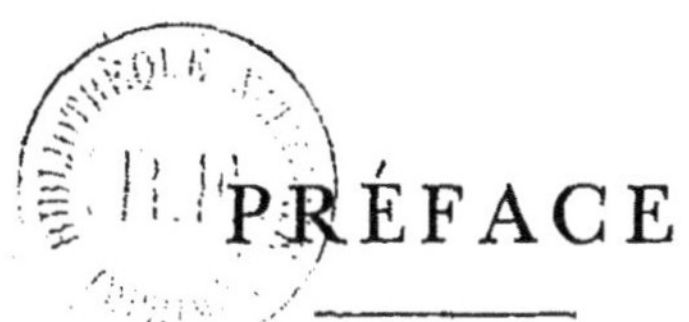

L'abbé Wellerlé me fait l'honneur de me demander une préface pour ses Propos de guerre.

C'est un petit livre dont il est très utile que chacun entende les conseils. Toutes ses pages nous répètent qu'il faut aller jusqu'au bout, jusqu'à la dislocation de l'Empire allemand :

Il est nécessaire d'en finir d'un seul coup avec la puissance germanique. Si on épargne l'empire allemand, si on lui accorde une paix honorable après sa défaite, tout sera, dans dix ans, à recommencer... (p. 155).

... Maintenant que le colosse aux pieds d'argile, commence à vaciller et que sa chute s'annonce prochaine, les pacifistes, les pionniers du germanisme commencent à s'agiter : « N'humilions pas l'Allemagne vaincue ! » disent-ils avec des larmes dans la voix... Et il y a, hélas ! même en France, des gens qui se laissent, par fausse sensiblerie, par un humanitarisme bêbête, entraîner à prêter l'oreille sans protestation à ces conseils décevants... (p. 184).

... Si l'Europe veut jouir d'un siècle de paix et de prospérité, il est indispensable que l'Empire germanique disparaisse. Je dis bien l'Empire, et non pas les États allemands. Pourvu que ceux-ci ne puissent pas se ressouder, l'Allemagne ne sera plus redoutable (p. 203).

Les conseils valent ce que vaut le conseilleur. Celui-ci nous parle de choses qu'il connaît mieux que personne. Il a écrit sur

*le Reichstag des pages, que je regrette de
ne pas retrouver dans ce recueil, et qui sont
un document de premier ordre sur l'état
d'esprit politique des diverses nationalités
allemandes. Quand il nous dit que l'Empire
allemand aura toujours pour mission l'écrasement de la France, et que, d'autre part,
les Allemands se feront tout petits aussitôt
que l'appareil impérial militaire ne les
encadrera plus, je l'écoute. J'écouterai
toujours les gens d'expérience plutôt que les
gens à système. Welterlé, s'il nous parle
des rapports franco-allemands et de la question d'Alsace-Lorraine, nous apporte l'expérience de sa vie.*

*Voilà un homme qui a passé son enfance
dans cette ville de Colmar où se conservent
avec une énergique piété les traditions du
passé. Arrivé à l'âge mûr, et quand il lui
fallut choisir entre l'ancienne patrie et la
nouvelle, comme tant d'autres Alsaciens,
il connut une violente crise morale. Reviendrait-il vers nous? Resterait-il là-bas?*

*D'abord il ne put écouter que son cœur.
Il émigra ; il devint nôtre. Puis il réfléchit ;
il reprit le chemin de l'Alsace et de la bataille,
et rentré à Colmar fonda un journal bihebdomadaire qui, avec les années, devint
un grand quotidien. Le Nouvelliste d'Alsace-Lorraine, dont j'étais un des abonnés
et que je ne me lassais pas de lire, je devrais
dire d'étudier, a mené le bon combat avec*

une vaillance inépuisable, faite de fermeté
et de belle humeur. Ce n'était pas l'Alsace
pleurarde des romances, c'était la jeune
Alsace, heureuse de se sentir une qualité
d'âme bien supérieure à la balourdise teutonne. Cependant le journaliste était élu
député, et portait devant le Reichstag les
revendications alsaciennes.

Polémiste et orateur, l'abbé Wetterlé, qui
manie les deux langues avec une égale
vigueur, est un combattant redoutable. Mais
il avait affaire à des adversaires dont personne en France, à cette heure, ne conteste
plus la brutalité. Il a eu l'honneur de souffrir pour la vérité et pour sa nation.

Les épisodes de la vie de notre illustre
ami sont présents à toutes les mémoires. J'en
rappellerai un seul, qui est propre à éclairer
le joyeux et courageux esprit de l'Alsace.

Chaque année les députés alsaciens-lorrains déposent au Parlement de Strasbourg
une motion où ils demandent que l'enseignement de la langue française soit obligatoire
dans toutes les écoles primaires. En janvier
1909, la motion fut votée comme les autres
années, et comme les autres années, elle devait rester sans effet. Mais un pédant, le professeur Gneisse, directeur du lycée de Colmar
et pangermaniste forcené, écrivit à cette occasion dans une feuille allemande de Strasbourg
une série d'articles violents contre la franci-
sation de l'Alsace. L'abbé Wetterlé lui répon-

dit allègrement et publia une caricature du professeur teuton due au crayon de notre cher Hansi. Herr Gneisse y paraissait au naturel, et fagoté comme ils sont. Il se plaignit d'être si laid. Hansi fut condamné à quelques sept ou huit cents marks d'amende. Pour s'acquitter, le bon garçon mit en vente une caricature nouvelle : Touristes allemands à Paris. *Le produit de cette vente ayant dépassé la somme requise, il versa le reliquat, trois cents et quelques francs, dans les mains du comité pour le monument de Wissembourg. Et c'est ainsi que, sans le vouloir, le professeur Gneisse a concouru pour sa part à cette glorification de nos morts et du courage français.*

Quant à l'abbé Wetterlé, on ne pouvait instruire son procès tant qu'il siégeait au Reichstag. Mais il ne perdit rien pour avoir attendu. La session terminée, il comparut à son tour, et les jurés le condamnèrent à deux mois de prison.

Pendant tout ce procès, notre ami se défendit avec la verve et l'à-propos les plus heureux. Croyant l'embarrasser et le confondre, le professeur Gneisse lui fit poser cette question par le président du tribunal : « Avez-vous des sentiments français ? » L'abbé Wetterlé répondit simplement : « Je considère comme une offense que vous doutiez de mes sentiments nationaux. » Mot spirituel et profond, sage et fier, où l'on retrouve l'accent

de certaines répliques de Jeanne d'Arc à ses
juges. Jusque sous le filet du chasseur, l'esprit ouvre ses ailes captives et veut s'élancer
vers le ciel.

Pour bien entendre le rôle de Wetterlé
et comprendre son activité, il faut avoir
présentes sous les yeux les conditions de sa
bataille. Il est le chef de prisonniers pleins
de courage et de belle humeur qui conduisent,
ma foi, du mieux qu'ils peuvent, leur résistance. On dénaturerait sa figure en l'isolant.
Il faut le voir au bureau de son journal, que
guettent l'amende, la prison et la suppression ;
dans les rues de Colmar, où il croise et cou-
doie ses ennemis ; à Ribauvillé et dans les
charmants villages de sa circonscription,
au milieu des vignerons qu'il doit défendre
et ne pas compremettre. Il faut le voir enfin
au milieu de ses amis, un tas de nationalistes,
des croyants et des mécréants, avec qui il
coordonne ses efforts, des gens qui, sans aucun intérêt, par simple noblesse de nature, ne
peuvent pas prendre leur parti d'être Allemands.

— Si vous mentionnez les efforts que
j'ai faits pour maintenir le souvenir de la
France en Alsace-Lorraine, — me disait
l'autre jour l'abbé Wetterlé, — n'oubliez pas,
n'est-ce pas, de faire la part très belle à l'abbé Collin, à Preiss, Blumenthal, Laugel,
Bourson, Spinner, Jean, Helmer, Hansi,
Zislin. J'ai horreur d'être séparé de mes

compagnons d'armes. Et puis, pensez surtout à ce brave peuple qui nous a tous main-
tenus dans le sentier du devoir.

Ah ! certes, on voudrait rendre hommage à
tous ces nobles gens, à d'autres encore que
Wetterlé a pu me citer et dont j'oublie
les noms, et puis à ceux qui furent utiles et
vaillants et qui, pour diverses raisons, inter-
disent toujours qu'on les mette à l'ordre du
jour.

Dans les provinces reconquises, nous dres-
serons quelque jour une pierre où l'on ins-
crira les chefs de la résistance, comme on a
inscrit les généraux de la Grande armée sur
l'Arc de Triomphe de l'Étoile. Ils furent à
la peine, c'est utile qu'ils soient à l'honneur. Nous n'aurons jamais trop d'hommes
exemplaires.

Que de fois j'ai souffert à la Chambre,
quand on disait ou laissait entendre que
les Alsaciens et les Lorrains s'acccommo-
daient du régime allemand. J'aurais voulu
dénombrer ces nobles gens, énumérer leurs
titres glorieux, commenter leur fidélité, découvrir les blessures qu'ils recevaient pour
la France, face à l'ennemi. Il fallait bien me
taire, sous peine de donner à l'Allemagne
ravie des armes décisives contre nos amis.
Mais l'histoire leur rendra une haute justice,
et après avoir proclamé la sagesse de leur
attitude, elle magnifiera leurs qualités individuelles.

Ce n'est pas l'intérêt qui dictait la conduite de ces chefs de la résistance. Les intérêts matériels des annexés étaient garantis par la législation allemande, comme ils l'eussent été en France. Et même les ouvriers, les patrons, les prêtres, les propriétaires ruraux, pour peu qu'ils l'eussent désiré, auraient su trouver dans les institutions allemandes des avantages qui n'existent pas en France. Mais il ne suffisait pas aux dignes Alsaciens et Lorrains de jouir de ce bien-être. Ils voulaient se développer pleinement. Ce qui souffrait en eux, sous les entraves allemandes, c'était l'esprit. Ils ont lutté pour défendre leur valeur spirituelle et ce je ne sais quoi qui s'était amassé dans leurs âmes, durant les années françaises. Ils avaient un bagage de sentiments, une formation morale, une France intérieure, et ils ne pouvaient pas supporter que cet invisible fût immolé.

En vain l'Allemagne les faisait-elle bénéficier d'une prodigieuse organisation matérielle, nos frères se sentaient opprimés, parce que la France qui était en eux ne pouvait pas s'épanouir. Ils attendaient avec un ardent désir que nos soldats vinssent mettre la force au service de l'âme, oui, désentraver leurs âmes.

Nous ne regardons pas assez la vie qui nous entoure, nous regardons les livres et l'histoire déjà rédigée. Et puis, si notre regard est obligé de rencontrer des hommes vivants, *il s'arrête sur leurs visages, ne s'en va guère dans leur vie profonde, héroïque. Avons-nous médité sur ces hommes désintéressés et capables d'enthousiasme, vivifiés à distance par la France éternelle ? Avons-nous vu qu'au bout de notre sol, sur notre extrême horizon, il y avait ces fils bien-aimés de notre patrie, qui, héréditairement, aspiraient à être Français, qui priaient perpétuellement pour la France, si prier c'est nous tourner d'un élan de tout l'être vers le lieu où nous voudrions reposer ? Attendons-nous qu'ils soient morts, les chefs alsaciens et lorrains, pour distinguer qu'ils constituent une élite, des hommes capables de saisir les choses élevées, de s'animer pour elles, et de s'élever au-dessus de leur condition présente? Ils portaient en eux un magnifique foyer de sentiments héréditaires, et s'enflammaient, quand le nom de la France, comme une étincelle, tombait dans leurs âmes.*

Tous ces hommes avaient la plus belle vision de notre pays. Si belle que, l'avouerai-je, je n'aimais pas qu'ils vinssent à Paris. Homme de peu de foi, je craignais qu'ils ne nous regardent de trop près. Je me disais qu'ils connaissaient mieux la France quand ils la connaissaient d'après ce qu'ils éprouvaient en eux et en s'abandonnant au sentiment indéfinissable qui attache l'enfant à la mère. Je redoutais qu'ils ne vissent nos sectaires, nos querelleurs, nos fanfarons de déraison. Mais c'étaient des fils fidèles.

Demain, la France va avoir autant que jamais besoin des services de ces enfants reconquis. Elle va demander à ces chefs qu'ils ménagent le délicat raccord de la vie alsacienne et lorraine à la vie française. Il y faudra beaucoup de tact. On en manque rarement chez nous, et le cœur conseillera ceux mêmes qui ont le cerveau un peu raccorni par les passions desséchantes de la politique. Déjà, le généralissime a prononcé des paroles qui sont d'un grand tacticien moral, auxquelles il faudra toujours revenir. Il a dit, vous vous le rappelez : « *La France apporte, avec les libertés qu'elle a toujours représentées, le respect de vos libertés à vous, des libertés alsaciennes, de vos traditions, de vos convictions, de vos mœurs.* »

Rien de plus clair et de plus sage. La France apporte aux Alsaciens et aux Lorrains les libertés politiques et administratives que l'Allemagne leur refusait ou marchandait (ce sont les libertés françaises) ; de plus, elle accepte leurs coutumes et leur reconnaît le droit d'y rester fidèles. Vous voyez assez de quoi il s'agit. Nous touchons aux questions religieuses et scolaires...

C'est un vaste horizon qu'il suffit, à cette heure, d'indiquer d'un mot, mais où Wetterlé et ses amis trouveront une tâche immense. Il leur appartient de régler les intérêts de leurs concitoyens, de venir les défendre dans nos assemblées politiques françaises, où ils rétabliront en toutes choses l'équilibre qui penchait un peu trop du côté de nos chers et brillants frères du Midi.

Magnifique destinée, celle de ce patriote qui, après avoir défendu son peuple à Berlin, aux temps de l'exil, est appelé à le rattacher aux destinées françaises.

Maurice BARRÈS,
de l'Académie Française.

On m'a demandé de réunir en volume quelques-uns des articles que j'ai publiés, surtout les trois premiers mois de la guerre, dans des journaux de Paris et de Bordeaux.

Je me rends parfaitement compte des imperfections de ce travail hâtif et quelque peu désordonné.

Si néanmoins ce que j'ai jusqu'ici écrit au jour le jour peut contribuer à faire mieux connaître l'Allemagne moderne, il n'aura peut-être pas été inutile de le répéter, surtout au moment où des influences mystérieuses se font valoir en faveur d'une liquidation incomplète du conflit actuel.

E. WETTERLÉ.

PROPOS DE GUERRE

ENFIN !

Enfin ! l'heure de la délivrance va sonner. L'Alsace - Lorraine, humiliée et meurtrie par l'oppression teutonne, l'attendait depuis 44 ans, sans toutefois oser la désirer sous cette forme tragique.

Non ! nous ne voulions pas que la guerre, avec son cortège lamentable de deuils et de ruines, fût la rançon de notre affranchissement. Nous aimions trop sincèrement la France pour souhaiter qu'elle payât notre liberté reconquise du sang généreux des meilleurs de ses enfants. Et il nous eût été horriblement douloureux qu'à cause de nous la jeunesse de France, cette jeunesse qui connut et qui connaît encore tous les héroïsmes, fût fauchée par les balles allemandes. A ce prix-là, le retour à la patrie tendrement aimée eût été payé beaucoup trop cher et nous eussions préféré subir encore plus longtemps, au besoin même toujours, la morgue et l'insolence de nos maîtres barbares.

Le destin a voulu que l'inévitable guerre fût provoquée, préparée, voulue par les insatiables appétits de domination du pangermanisme. Ce n'est pas la question d'Alsace-Lorraine qui a mis le feu aux poudres ; mais l'impertinence d'un peuple de parvenus qui, après avoir obtenu la première place dans le monde, voulait encore être le seul à l'écraser de sa puissance désormais incontestée.

L'Allemagne seule est responsable de l'épouvantable crise que nous traversons et qui, suivant toutes les probabilités, marquera en même temps et la fin de son hégémonie et la fin de notre martyre. Ces massacres, nous ne les avons pas désirés, nos oppresseurs les ont cherchés. Que les souffrances, que les morts, que les ruines qu'ils provoqueront retombent sur

les sinistres auteurs de cette boucherie,
et sur eux seuls.

Et parce que le fol orgueil des Allemands est l'unique cause de la guerre, nous avons mantenant, nous autres, Alsaciens et Lorrains, le droit de crier bien haut nos espérances. La revanche du droit aura été l'œuvre de ceux-là mêmes qui l'avaient si souvent et si longtemps violé !

Personne ne saura jamais combien dur fut à mes pauvres compatriotes le joug prussien. Faut-il rappeler la tyrannie du régime de la dictature et des passeports, la lutte contre les traditions et la langue françaises, le perpétuel cambriolage de nos consciences, l'éloignement systématique des indigènes des fonctions publiques, les amendes et la prison que des juges sans conscience et sans dignité distribuaient sans pitié à ceux qui ne voulaient pas renoncer à leurs souvenirs, la main-mise d'une horde de faméliques sur toutes les ressources de nos provinces, les rapports secrets de police, les fameuses listes noires, dont l'existence, tant de fois niée par le gouvernement, vient d'être établie par 1000 arrestations de citoyens auxquels on ne pouvait reprocher que leur attachement à l'ancienne patrie ?

Et les événements des derniers jours n'ont-ils pas fait éclater à tous les yeux les sentiments intimes que l'Allemagne nourrissait vis-à-vis des annexés ? Exécutions sommaires, incendies, pillages, voilà ce que les brutes réservaient aux « frères reconquis ». Le sang de Samain, de Kannengieser et de tant d'autres crie vengeance contre les sauvages qui l'ont versé pour satisfaire leur haine contre l'Alsacien-Lorrain indépendant. Du jour où la loi martiale a permis aux instincts de cette race inférieure de s'étaler au grand jour, ils se sont manifestés par les plus lâches assassinats. Le voilà bien, le « peuple des seigneurs » auquel les pangermanistes avaient promis et prédit l'empire du monde.

Ah ! qu'elle est belle, la science allemande !
Qu'elle est attirante, la vertu allemande !
Comme ils sont grands et généreux ces
soldats incomparables qui, faute de pouvoir réduire une petite armée, comme celle
des Belges, s'illustrent en fusillant des
hommes désarmés !

Une fois de plus, l'Alsace-Lorraine sai-
gne par mille blessures ; mais elle s'est
reprise à espérer la fin prochaine de sa
cruelle épreuve.

Dallwitz a menti quand il a prétendu
que les annexés se groupaient avec enthousiasme autour de la bannière de l'empire. Les habitant d'Altkirch, de Mulhouse, de toutes les communes occupées
jusqu'ici par les troupes françaises lui
ont infligé le plus sanglant démenti.
C'est avec des cris et des larmes de joie
que les libérateurs ont été reçus partout.
Les vieux drapeaux tricolores, ceux que
depuis près d'un demi-siècle on cachait
comme des reliques, sont sortis comme

par enchantement des coffres où on les conservait précieusement, et ils ont salué gaiement les vainqueurs de l'Allemagne abhorrée.

La France, c'était pour les vieux de mon pays, et aussi pour les hommes de ma génération, la mère dont on nous avait cruellement séparés. Pour les jeunes, c'était un pays de rêve, où les fleurs de la liberté poussaient en pleine terre. Et pourtant tous, vieux et jeunes, nous avions accepté la douloureuse nécessité du fait accompli et nous avions à une opposition plus que légitime conservé tout son caractère légal. De cette soumission, nos maîtres n'avaient tenu aucun compte. Il exigeaient le renoncement absolu à toute personnalité, ils voulaient des agenouillements. Notre peuple avait trop conscience de sa dignité pour se prêter à cette politique d'abdication. Voilà pourquoi on l'opprimait, on l'écrasait sous le poids des mesures d'exception. Voilà aussi pourquoi il avait gardé le regret du passé et la haine du présent.

Brusquement, tout a changé.

L'Allemagne, folle d'orgueil et de suffisance, a provoqué toute l'Europe. Et là-bas, dans les plaines de l'Alsace-Lorraine, on attend maintenant avec anxiété l'issue de la lutte gigantesque. Quoi qu'ils en disent, les Prussiens savent que notre population n'a pas oublié quarante-quatre ans de tortures raffinées. De cette population, qu'ils ont brutalisée sans pitié, ils se méfient à bon droit. On ne leur donnera pas le prétexte de sévir et ils séviront néanmoins, comme ils l'ont déjà fait. Il se mettront au ban de la civilisation. Mais ils n'empêcheront pas les enfants de l'Alsace-Lorraine, quand le drapeau tricolore fera son entrée triomphante dans leurs villes et leurs villages, d'en baiser tendrement, presque religieusement, les franges ; car pour eux ce sera là le symbole de la liberté, le gage de l'affranchissement.

Et plus les Allemands commettront encore de crimes avant d'évacuer définitivement notre sol, plus ils seront chargés de malédictions par ceux dont ils n'ont pas su, dont ils n'ont pas voulu conquérir l'affection par la justice et la bienveillance.

La justification de notre opposition, nous l'avons aujourd'hui. L'Allemand est universellement détesté ; huit puissances se sont liguées contre l'empire germanique. Demain l'Italie à son tour déchirera son pacte d'alliance et prendra les armes contre nos oppresseurs. Il n'est pas possible que dans cette lutte le droit, la justice ne triomphent pas. Dans quelques semaines, l'Alsace-Lorraine, redevenue française, fêtera avec ivresse la fin de ses dures épreuves. Sans doute son territoire aura été ravagé, sans doute son sol généreux aura bu goulûment le sang des meilleurs d'entre ses enfants, mais elle renaîtra quand même, plus belle et plus confiante

que jamais, et c'est avec une reconnaissance sans bornes qu'aux pioupious de
France, qui auront fait le sacrifice de leur
vie pour la délivrer, elle élèvera un im-
périssable monument de respect et de
tendresse.

LE MARTYRE DE L'ALSACE

Il m'arrive enfin des renseignements précis sur mes compatriotes d'Alsace. J'ai pu lire (avec quelle curiosité angoissée !) le journal d'un de mes amis, que les événements avaient surpris, et qui, bloqué dans une petite commune de la Haute-Alsace durant les quatre dernières semaines, y vécut des heures tragiques. L'occupation par les troupes françaises de la région où il habitait lui a permis de rejoindre Paris, où sa famille ignorait et redoutait tout de son sort. Fin observateur, il a noté au jour le jour ses poignantes impressions.

Les récits d'un autre « rescapé » sont tout aussi intéressants. Il a pu, en effet, suivre toutes les opérations des colonnes du général Pau, et sa connaissance du pays et de ses habitants a rendu quelques services appréciables aux autorités militaires françaises.

Je ne m'attarderai pas à relater les brillants faits d'armes qu'on m'a signalés et décrits par le menu, puisque l'état-major de l'armée semble attacher quelque importance à ce qu'on ne donne aucun nom et qu'on ne signale aucun fait précis. Je dirai seulement ce qu'a souffert physiquement et moralement la population indigène des pays annexés.

Les Allemands procèdent toujours de la même manière : ils menacent et ils mentent, ils terrorisent et ils trompent.

Dès la proclamation de l'état de guerre en Alsace-Lorraine (le fait est à retenir), ils traitent les annexés en ennemis. Un millier d'otages, choisis parmi les citoyens les plus connus du pays, sont brutalement arrêtés, emprisonnés, puis transportés dans une citadelle wurtembergeoise. Plusieurs de ces suspects traversent les

rues, menottes aux mains, comme des
criminels, et pourtant on ne peut leur
reprocher que leur fidélité à leurs souvenirs. Ne mentionnons que pour mémoire
les quelques exécutions sommaires qui
ont eu lieu et dont les journaux ont déjà
parlé.

En même temps, les préfets font, sur
l'ordre des autorités militaires, apposer
dans toutes les communes des affiches
où sont menacés de mort tous ceux qui
fourniront des renseignements à l'ennemi, ou qui « recevront des Français sous
leur toit ». De plus les immeubles des cou-
pables seront incendiés. On avise les
maires qu'au cas où un de leurs administrés commettrait un acte délictueux, ils
seront, le cas échéant, passés eux-mêmes
par les armes.

Ce ne sont pas là de vaines menaces.
Quand les Allemands reviennent à Mulhouse et dans les communes avoisinantes,
après leur première évacuation, ils pillent,

incendient et fusillent. Dans la nuit ils criblent de balles au hasard les immeubles qui bordent les rues ; sans enquête préalable ils choisissent quelques habitants qu'ils collent au mur pour faire un exemple. A Burzwiller, ils mettent le feu à trois fabriques, puis posément, sans hâte, ils allument cinquante maisons isolées, n'épargnant que l'auberge où ils se sont copieusement restaurés. La terreur règne dans toute la région. Encore tout tremblants, les malheureux qui ont subi ces traitements barbares en feront le récit aux Français lorsque ceux-ci reviendront.

Ce n'est pas tout. Les Allemands, connaissant les sympathies de la population alsacienne-lorraine pour la France, s'appliquent à torturer l'âme des annexés en propageant mille fausses nouvelles.

Au début des hostilités, les journaux qu'on n'a pas supprimés racontent que la révolution a éclaté à Paris, que, par 57 voix de majorité, la Chambre a refusé les crédits militaires, que M. Poincaré a été assassiné, que la Ville-Lumière ne formera bientôt plus qu'un monceau de cendres. Belfort a été investi et a capitulé (dépêche officielle). Evidemment la guerre a été imposée à l'Allemagne, qui n'en voulait à aucun prix. Ce sont donc la Russie et la France qui porteront la responsabilité de tous les deuils et de toutes les ruines que la guerre occasionnera en Alsace-Lorraine.

On raconte encore, avec un luxe de détails incroyable, que les soldats français, antimilitaristes et par-dessus le marché affamés, se rendent presque sans combattre, qu'ils portent des uniformes en loques, des pantalons effilochés retenus par de simples ficelles, des souliers éculés aux semelles de carton. Même incurie chez les Russes dont les cartouches ne renferment que du sable.

Poussant la barbarie jusqu'au bout, les Allemands placent les soldats alsaciens-lorrains au premier rang. Pendant quelques années, on a procédé dans les provinces annexées au recrutement régional partiel. Dans le XIVe et le XVe corps d'armée, il se trouve donc un grand nombre de réservistes originaires de la Haute et de la Basse-Alsace. On les met aux avant-postes, afin qu'ils soient blessés ou tués par des balles françaises, comptant exploiter cette circonstance pour exciter l'animosité de la population contre la France.

A ce propos, on me permettra de rappeler en quelle situation douloureuse se trouvent un grand nombre de familles alsaciennes. Je prends un exemple entre mille. Le fils aîné d'un de mes amis a passé par l'école de Saint-Cyr, et il est actuellement capitaine dans un régiment en garnison à Belfort. Le second fils a dû rester en Alsace pour prendre la direction d'une affaire très importante. Il est sous-officier de réserve dans une unité du XV⁰ corps allemand. Les deux frères ont dû se rencontrer dans les engagements qui ont eu lieu autour d'Altkirch et de Mulhouse. Peut-on imaginer un drame plus poignant ? Et est-il, après cela, surprenant d'apprendre que dans les tranchées allemandes on a trouvé des cadavres de soldats alsaciens qui s'étaient laissé tuer sans brûler eux-mêmes une seule cartouche, pour ne pas s'exposer à tuer un parent ou un ami ?

Détail navrant. L'Alsace a faim. Les troupes allemandes ont vécu sur le pays et tout approvisionnement est impossible. Le premier souci du général Pau a été de fournir aux habitants de la farine et du sel. Il n'y a plus non plus d'argent monnayé. Les banques sont fermées. Les municipalités émettent du papier-monnaie. J'ai vu deux billets d'un et de deux marcs, qui ont été émis par la ville de Guebwiller. Les fabricants payent leurs ouvriers avec des bons. C'est la misère noire, qui est

encore accrue du fait que les récoltes sont,
cette année, insuffisantes, et que la rentrée
s'en est opérée dans des conditions défec-
tueuses.

Je signale un fait émouvant et qui est
allé droit au cœur de mes pauvres compatriotes.

Entre deux combats, les soldats français, touchés de l'accueil que leur avait
fait la population alsacienne, enlevaient
leur capote, et, bravement, aidaient les
paysans à faucher et à rentrer leur récolte.
Ces braves petits troupiers peuvent se
vanter de ne pas avoir seulement coupé
des épis ; mais d'avoir fait pour leur pays
une ample moisson de sympathie et d'en-
thousiaste reconnaissance. On les a com-
parés aux autres, et, vrai, il n'a pas été
difficile de choisir.

Voilà comment l'Alsace souffre à l'heure
actuelle. Espérons qu'elle trouvera bientôt de larges compensations.

DEUX FOIS FRANÇAIS

Avant que ne se déroulent les dernières phases de la lutte gigantesque à laquelle nous assistons, saisis d'épouvante et d'admiration, avant que n'ait sonné l'heure des justes et saintes réparations, j'éprouve le besoin d'apporter mon témoignage aux vertus héroïques dont le peuple d'Alsace-Lorraine a donné des preuves si nombreuses et si touchantes au cours des dernières quanrante-quatre années.

Il fut admirable de simple courage et de doux entêtement, ce peuple qui avait presque perdu l'espoir de jours meilleurs, mais qui n'en restait pas moins fidèle à ses tenaces affections.

. Durant la période de la protestation, il fit entendre le cri déchirant de la révolte. Avec quels regards d'envie ceux que d'iné-

luctables nécessités rivaient au sol n'a-
vaient-ils pas vu partir pour le pays que
Bazin a si justement appelé « la douce
France », les 200.000 émigrants chassés
de leur province par leur vainqueur,
sans pitié, parce qu'ils avaient opté pour
leur ancienne patrie ! Les restants jurè-
rent cependant qu'ils garderaient au cœur
l'amour de la France, et la plupart tinrent
parole.

Ecartons de suite du pied les ralliés
de la première heure, ces répugnants
égoïstes qui consentirent à recevoir le
prix de leur trahison des mains encore
tachées de sang des Prussiens. Ils n'étaient
qu'une poignée et la population indignée les
marqua au front du signe indélébile de
la flétrissure. Ne faisons pas davantage
le compte de ceux qui, plus tard, sous le
couvert de vaines excuses, — intérêts
matériels du pays, avenir de leurs enfants,
prospérité de leurs industries ou de leurs
commerces, pacifisme théorique, — quit-

tèrent les rangs de la phalange sacrée du nationalisme alsacien-lorrain. Il y eut, dans la classe bourgeoise, quelques défections lamentables, d'ailleurs entièrement dépourvues de sincérité et uniquement dictées par les plus vils calculs.

Je n'ai pas le courage, à cette heure solennelle de l'histoire, de m'élever en accusateur contre ces hommes qui avaient combattu longtemps à nos côtés, mais qui, soit par intérêt, soit par simple découragement, abandonnèrent le drapeau, et passèrent à l'ennemi. Pour eux, l'heure du châtiment a sonné. Je ne demande pas qu'on exerce contre eux des représailles. Non, ils seront suffisamment punis par le remords, qui ne les quittera plus, d'avoir désespéré du triomphe de la justice et du droit. Ils redeviendront Français, et je suis persuadé qu'ils n'en seront pas mécontents ; mais, dans la grande famille française, ils rentreront la tête basse, la conscience bouleversée, le cœur meurtri, et cela suffira pour empoisonner leur joie d'éternels regrets.

Ah ! combien, en opposition avec ces lâchetés individuelles, la fidélité des masses nous apparaît grande et réconfortante ! On peut bien le dire maintenant, le peuple d'Alsace-Lorraine n'a jamais fléchi. Il n'était pas facile de pénétrer le mystère de sa conscience ; car le maître était dur, et la répression violente. Mais, quand on avait gagné la confiance du paysan, de l'ouvrier, de l'artisan, du petit commerçant, avec quel joyeux étonnement on les entendait parler de la France comme de la patrie tendrement aimée, de l'Allemagne comme de l'irréconciliable ennemie !

Je reçus, un jour, à Colmar, la visite d'un de ces innombrables journalistes qui, durant les dernières années, s'étaient rendus là-bas pour « enquêter » sur l'âme alsacienne. Le brave homme était navré. Seul et sans indications, il avait procédé

par « sondages », comme il disait. Au mastroquet du coin, à l'épicière, à l'ouvrier
des champs, il avait posé à brûle-pour-
point la question : « Etes-vous encore
Français de cœur ? » Les réponses pru-
dentes et avisées qu'il avait reçues lui
semblaient décourageantes. Cela me fit
sourire : « Reprenons votre enquête, lui
dis-je ; seulement je vous servirai de ré-
pondant. » Ainsi fut fait, et bientôt le
journaliste réforma (il le fit d'ailleurs avec
un joyeux enthousiasme) tous ses premiers
jugements.

C'est que l'Alsace-Lorraine a vécu durant quarante-quatre ans sous le régime
de la terreur. Preiss avait raison lorsqu'en
1889 il disait au Reichstag, en s'adressant
au représentant du chancelier : « La paix
que vous avez établie dans nos provinces,
c'est la paix du cimetière. » Et encore il
faisait la part trop belle aux Allemands,
puisque ceux-ci ne s'arrêtaient même pas
devant la majesté de la mort, et arra-

chaient des tombes les croix sur lesquelles
on avait mis des inscriptions françaises.

Malgré toutes les persécutions, notre
peuple n'a pas trahi ses souvenirs. Et je
ne parle pas seulement des vieux braves
de 1870, qui maintenant ne quittent plus
leur ruban vert et noir, je ne parle pas
davantage de ceux qui, dans leurs jeunes
années, ont connu la France, non, même
et surtout dans les générations nouvelles
nous retrouvions, du haut en bas de l'échelle sociale, les mêmes répulsions pour l'immi-
gré teuton, les mêmes tendresses pour le
pays qu'avaient aimé leurs pères.

Et il y avait du mérite à garder ce profond attachement. Les maîtres soupçonneux de l'Alsace-Lorraine, qui avaient
conscience de leur impopularité, épiaient
tous les gestes et toutes les paroles de
leurs administrés et ils faisaient durement
peser le poids de leurs rancunes sur ceux
qu'ils supposaient animés de sentiments
hostiles. Ils ne reculaient devant aucune

mesquine vengeance : refus de commandes, exclusion des soumissions publiques, retrait de subventions, procès - verbaux injustifiés : ils employaient tous ces moyens et bien d'autres pour briser de déconcertantes résistances.

Rien n'y faisait. Que de fois j'ai entendu un homme du peuple me dire avec ce sourire goguenard dont les héros inconscients accompagnent les actes les plus généreux : « Je le sais, je vais perdre mon travail, je serai puni même dans mes enfants ; mais je ne *leur* dirai pas que je les aime et les admire. » Car on ne prononce même pas *leur* nom quand on parle *d'eux* en Alsace-Lorraine. Chaque annexé sait de qui il s'agit quand au cours d'une conversation entre amis, on dit : « Dieu ! qu'*ils* sont donc désagréables ! »

Le petit commerçant renonce, tout naturellement et sans forfanterie, à sa clientèle allemande ; le petit bourgeois accepte en protestant mais sans défaillance, que l'avenir de ses fils soit brisé. L'ouvrier consent à se priver d'un salaire rémunérateur pour ne pas subir les injonctions hautaines d'un fonctionnaire prussien. Voilà le spectacle que le peuple d'Alsace-Lorraine donne depuis près d'un demi-siècle à ceux qui le voient et l'étudient de près.

Il faut avoir tenu des réunions publiques devant un auditoire composé d'indigènes du pays pour savoir comment les foules vibrent dès qu'on fait la moindre allusion au passé. Nous autres, qui souvent avons eu cet honneur, nous nous gardions bien de trop insister ; car les tempêtes d'enthousiasme que nous aurions déchaînées auraient attiré sur nos auditoires les pires représailles. On se comprenait heureusement à demi-mot, et point n'était besoin de paroles pour communier dans la même pensée réconfortante ; un regard, un sourire suffisaient.

C'est à ce peuple si vaillant que je vou-

drais voir aller la reconnaissance de la
France. Il ne faut pas que l'admiration
s'égare sur quelques hommes que les
hasards de la politique ont poussés au
premier plan. Le chef n'est rien s'il n'est
pas porté par l'endurance de ses troupes.
Je tiens à le proclamer bien haut, le peuple alsacien-lorrain, que l'émigration avait
privé de toute direction, a su tout seul
sauvegarder sa dignité, maintenir ses souvenirs, conserver ses espérances. Personne
n'a le droit de revendiquer l'honneur de
l'avoir préservé des défaillances faciles.
Ce fut lui, au contraire, qui empêcha toujours ses élus de capituler devant l'Allemand.

Les petits soldats de France le savent
à cette heure, eux qui sont reçus là-bas
comme des libérateurs, comme des frères.
Et l'Allemand le sait aussi, puisque quand
il reprend pour quelques jours les villages.
occupés par les Français, il pille, incendie
et massacre !

Et puis, à quoi bon tant de paroles ? D'autres faits parlent encore un langage éloquent. L'armée allemande ne compte que quatre officiers originaires d'Alsace-Lorraine. Dans l'armée française, il y en a plusieurs milliers.

Honneur à ce peuple de héros obscurs, qui est en train de signer de son sang son attachement à son ancienne patrie, comme il le signait jadis de ses larmes et de ses souffrances ! Il est deux fois français.

L'ALSACE-LORRAINE
VEUT REDEVENIR FRANÇAISE

Lettre à M. Clémenceau.

Monsieur le président,

Vous m'aviez demandé un article pour *L'Homme Libre* ; c'est une lettre ouverte que je vous adresse ; car il me sera plus facile, sous cette forme familière, d'exprimer toute ma pensée.

Vos lecteurs seront peut-être un peu surpris de constater qu'un prêtre authentique est devenu le collaborateur occasionnel de votre journal. Ou plutôt non, ils ne le seront pas à cette heure. Il n'y a plus, en effet, maintenant deux Frances, il n'en reste plus qu'une et vous me permettrez d'ajouter que, pour ce motif, je la trouve admirable.

Vous ne croyez pas aux miracles. Eh

bien ! le miracle, le voilà ! Des hommes qui hier encore s'entre-déchiraient n'ont plus qu'un cœur et qu'une âme et, tous, ils communient dans le même amour ardent de la patrie.

Les conservateurs les plus impénitents admirent le noble et généreux patriotisme qui vous a fait oublier toutes les rancunes que vos adversaires politiques disaient inflexibles. D'un autre côté, je sais que vous avez vous-même le cœur assez large pour ne pas ménager vos sympathies ardentes aux 20.000 prêtres qui, sous la capote du soldat, défendent à cette heure le territoire de la République et qui (les canonistes le leur pardonnent !) tirent et s'efforcent de tirer juste. Bien mieux je crois que vous leur pardonnerez si, ensuite, se souvenant de leur mission coutumière, ils prient Dieu de pardonner à leurs victimes d'êtres nées allemandes.

Cette union de tous les Français a profondément surpris leurs ennemis. A Ber-

lin, on escomptait les rivalités politiques
des partis républicains. Que de fois, quand
ils voulaient détruire chez moi et chez
mes amis, la confiance absolue que nous
avions dans les destinées de la France
immortelle, mes collègues du Reichstah
s'appliquaient à nous montrer notre ancienne patrie pourrie d'anarchie et d'an-
tipatriotisme, incapable de remonter la
pente où la révolution semblait irrémédiablement l'entraîner. Je leur répondais :
« Méfiez-vous, la France est le pays des
grandes résurrections. »

J'avoue que je ne pensais pas dire si
vrai. Il me restait une vague inquiétude,
une sourde angoisse, et tous mes compatriotes, qui assistaient à l'effort constant
et méthodique de nos maîtres, se deman-
daient avec terreur si, à l'heure du danger
prochain, la France pourrait se ressaisir.

Vous ne saurez jamais, monsieur le
président, ce qu'il y avait de sympathie
douloureuse dans les regards interroga-

teurs que nous jetions, depuis des années, par-dessus les Vosges.

Eh bien ! notre attente a été dépassée. La France, devant la menace de l'invasion, a donné le spectacle d'une décision, d'une entente, d'un élan que nous n'avions plus le courage d'espérer et c'est parce qu'elle a, d'un seul coup d'épaule, rejeté loin d'elle tout ce qui semblait faire sa faiblesse que, malgré la tristesse de l'heure présente, nous sommes sûrs, nous autres, Alsaciens-Lorrains, que notre délivrance, cette délivrance attendue et souhaitée ardemment depuis près d'un demi-siècle, est proche.

Le sang coule là-bas, dans nos plaines fertiles les moissons flambent, la femme et les enfants pleurent ; mais, malgré toutes les horreurs d'une guerre sauvage, les mornes tristesses de l'exil ont disparu et l'espérance renaît. Mes malheureux compatriotes payeront cher le bonheur d'être redevenus Français ; mais ils estimeront certainement que le prix n'est pas trop élevé.

Vous aimez certainement la France de toutes les fibres de votre cœur, monsieur le président. Vous ne m'en voudrez pas cependant de vous dire que nous l'aimons encore davantage ; car pour la chérir comme elle le mérite, il faut, comme nous, avoir été séparé d'elle. Comme on la vénère, comme on l'adore, malgré ses défaillances, comme elle apparaît belle, généreuse, douce, quand on est contraint de ne la voir que de loin, comme un paradis perdu.

« La France ? mais les Alsaciens ne veulent plus rien en savoir », me disait il y a quelques semaines à peine un de mes collègues à la Chambre de Strasbourg, dont la circonscription vient d'être occupée par les troupes du général Pau. Je crois que ce rallié, un peu trop pressé, a dû réformer son jugement hasardeux. Dans toutes les communes de son arrondissement, les troupes républicaines ont été saluées par de longues et enthousiastes acclamations, partout les vieux drapeaux tricolores, conservés comme de précieuses reliques, ont reparu aux fenêtres des maisons, et, détail touchant, la hampe de ces drapeaux était encore ornée de l'aigle impériale. Et les vieux pleuraient de joie, et les jeunes déliraient d'extase, en voyant les « pantalons rouges » défiler gaiement sur la terre d'Alsace reconquise.

Le deuil est maintenant retombé lourdement sur les épaules des annexés Depuis que les troupes françaises se sont retirées, mes pauvres compatriotes se demandent avec désespoir si le rêve merveilleux qu'ils viennent de vivre sera suivi par le plus cruel des réveils. Croyez bien cependant que, malgré tout, leur confiance n'est pas encore ébranlée. De la bouche des occupants d'un jour, des frères d'hier et de demain, ils ont appris que les Allemands les avaient outrageusement trompés et ils savent que le mensonge est l'arme suprême de ceux qui doutent de l'avenir. Ils ont donc retrouvé la foi qu'ils avaient en partie perdue, et ils ont raison ; car le droit et la justice ne sauraient succomber dans la lutte gigantesque qu'ont entreprise contre la barbarie allemande huit nations civilisées.

Et maintenant, un dernier mot, monsieur le président. Certains diplomates amateurs parlent déjà de faire de l'Alsace-Lorraine un second Luxembourg, une sorte d'Etat tampon, qui devrait pour toujours séparer deux puissances rivales. De cette solution bâtarde nous ne voulons rien savoir. Depuis quarante-quatre ans nous défendons, en dépit des plus mesquines tracasseries, le patrimoine français que nous ont légué nos ancêtres. C'est à la France que nous voulons faire retour, pleinement, sans restrictions, sans combinaisons louches et niaises.

Et nous comptons sur vous comme sur tous les patriotes français pour nous rendre la grande patrie, que nous n'avons cessé de chérir et pour laquelle nous avons tant souffert.

Agréez, monsieur le président, l'expression de la gratitude et du dévouement d'un Alsacien, qui ne se consolerait jamais de ne pouvoir vous serrer bientôt la main comme à un compatriote, au sens le plus large du mot.

NOUS LES CONNAISSONS

(paru dans le *Bulletin des Armées*).

Un député au Reichstag, qui crie aux petits soldats de France: «Sus aux Allemands ! » dans le *Bulletin des Armées*, c'est pour le moins original. Et il me semble pourtant que nul ne l'aura jamais fait après plus mûre réflexion et de meilleur cœur.

C'est que nous les connaissons, et dans tous les coins, les hommes que vous combattez avec tant de vaillance.

Depuis quarante-quatre ans, nous vivons, en Alsace-Lorraine, sous leur dure et implacable domination. Nous savons que l'Allemand est servile, plat, rampant devant les forts, mais hautain, oppresseur, dédaigneux du droit vis-à-vis de ceux qu'il a réussi à soumettre à ses odieux caprices. Battez-le, et, humblement, il vous léchera les bottes, car dans la défaite il dépouille toute dignité. Laissez-vous battre, et il vous écrasera de toute sa morgue et de toute son insolence de parvenu.

Il est le nombre, mais il n'est pas l'intelligence et il n'est pas surtout la générosité.

Grattez l'Allemand et vous verrez toujours apparaître le Teuton massacreur et pillard qui tue pour se venger d'avoir eu peur et qui détruit les merveilles que nous ont léguées les âges précédents, par rage de n'avoir rien pu créer qui les égalât.

Vous les avez déjà vus à l'œuvre, ces sauvages. Ils ont sacagé cet écrin artistique qu'était Louvain. Ils ont fusillé de paisibles citoyens, des femmes, des enfants. Partout où ils passent, ils font le vide et sur les ruines qu'ils accumulent, et sur les cadavres qu'ils amoncellent éclate leur gros rire de brutes presque inconscientes.

Cette guerre, ils l'ont voulue, ils l'ont longuement préparée ; d'avance ils aiguisaient leurs longues dents de faméliques à la pensée de la curée prochaine. Après avoir vaincu la France par surprise, il y a près d'un demi-siècle, ils rêvaient d'asservir le monde tout entier à la « race des seigneurs », car ils ont cette inconcevable audace de prétendre que le Slave barbare et le Latin dégénéré doivent désormais devenir les esclaves de la race prédestinée des maîtres de l'univers *(das Herrenvolk)* !

Eh bien ! non ! ils ne réussiront pas dans cette folle entreprise. Vous représentez vous autres, soldats de France, la civilisation et le droit, vous défendez le patrimoine moral, artistique et littéraire de trente siècles d'incomparable culture intellectuelle. Vous combattez généreusement pour le plus bel idéal, parce que derrière vos armées et les couvrant de ses grandes ailes protectrices, se dresse le Génie de la Grèce, de Rome, de la France, infatigable semeuse d'idées. Voilà pourquoi la victoire précédera vos étendards.

Là-bas, dans les plaines de l'Alsace-Lorraine, 1.500.000 de vos anciens compatriotes, de pauvres gens qui depuis tant d'années gémissent sous le talon d'un impitoyable despote, appalaudiront à vos succès et vous ouvriront largement leurs bras, quand, grâce à vos efforts, l'heure de la délivrance aura sonné pour eux.

Au nom de la population des provinces annexées, merci de votre courage, merci de votre endurance, merci de la foi que vous ne cessez d'avoir dans les destinées de la France, merci, oh ! merci de tout cœur du beau sang vermeil que vous versez le sourire aux lèvres et qui fera bientôt germer partout d'abondantes moissons de liberté.

LE PEUPLE L'A VOULUE

La guerre a été voulue et préparée par le peuple allemand tout entier. Guillaume II fut toujours le grand velléitaire, l'homme du premier mouvement tragique, que suivaient immédiatement l'hésitation, la réflexion, la reculade. Il aimait à jouer au soldat ; mais il restait, malgré toutes les apparences, le bourgeois cossu, qui entend bien ne pas risquer sa grosse fortune dans une opération aventureuse de Bourse.

Quand l'affaire d'Agadir, si habilement machinée par les pangermanistes, se termina en queue de poisson, la *Deutsche Tages Zeitung*, un des organes conservateurs les plus importants, le traita de *Wilhelm der Furchtsame* (Guillaume le poltron). La *Gazette du Rhin et de Wespha-*

lie se laissa entraîner à plusieurs reprises, aux cours des dernières années, à menacer la dynastie des colères populaires, si l'empereur devait continuer à capituler constamment devant la Triple-Entente.

Peu de Français connaissent la formidable organisation des hyperpatriotes d'Allemagne. Ligue pangermaniste, ligue navale, ligue de l'armée, ligue pour le développement du germanisme à l'étranger, rivalisent de zèle pour faire pénétrer dans l'âme du peuple leurs haines et leurs ambitions. Chacune de ces sociétés compte de 200 à 300.000 membres, recrutés dans l'armée, dans les universités et les collèges, dans le monde du grand commerce et de la grande industrie. Elles disposent de fonds considérables, subventionnent et alimentent de correspondances la plupart des journaux de la capitale et de la province, font distribuer des tracts incendiaires, donnent des conférences, organisent des expositions ambulantes, accaparent le personnel enseignant, même des écoles primaires, surveillent les Allemands résidant dans d'autres pays, les groupent et les soutiennent de leurs subsides. Des guides sont publiés, où sont indiqués non seulement l'origine, mais les sentiments nationaux des commerççants et des hôteliers étrangers.

Le but de cette agitation, le voici : donner à l'Allemand le plus modeste une confiance absolue dans la valeur et la puissance de l'armée et de la marine, — le convaincre que la race germanique est supérieure à toutes les autres et qu'elle doit dominer l'univers, — lui inspirer le mépris pour le Slave barbare et pour le Latin corrompu, — lui prouver que la science allemande rayonne d'un éclat incomparable et que toutes les vertus sont spécifiquement allemandes.

Cela établi, les conclusions s'imposent. Trois millions d'Allemands vivent sous le joug de la Russie, 9 millions sont oppri-

més en Autriche-Hongrie par des Slaves
trois fois plus nombreux, les Flamands,
les Hollandais, les Danois, les deux tiers
des Suisses sont des Germains. Bien mieux,
les Francs, qui s'établirent dans les Gau-
les, se rattachent à la grande race germanique. Les territoires occupés par tous ces
peuples doivent donc faire retour à « la
plus grande Allemagne ».

Voilà la théorie, celle que nous retrouvons, et dans les publications de la Ligue
pangermaniste et dans d'innombrables
journaux. L'Allemand raisonneur éprouve
toujours le besoin, pour donner un semblant de satisfaction à ce qu'il lui reste
de conscience, de justifier par des arguments ethniques ou philosophiques sa
politique de rapine. C'est ainsi que, dans
une brochure célèbre qui fut reproduite
à foison dans l'empire lors des incidents
marocains, l'avocat Class, président de
la Ligue, faisait le plus sérieusement du
monde le raisonnement suivant : « Les

Berbères de l'Atlas ont les cheveux blonds et les yeux bleus. Nul doute dès lors qu'ils ne descendent des Visigoths, qui conquirent l'Espagne. Donc, nous, les **héritiers des pures races germaniques**, nous avons le droit absolu d'occuper leur territoire. »

Constamment répétées, ces folles théories ont fini par pénétrer profondément dans l'esprit des foules. Couramment on les entend exprimer avec une conviction déconcertante et par l'instituteur de village et par l'étudiant des universités. Elles sont devenues la monnaie courante de la vie intellectuelle en Allemagne. Les professeurs en font la base de leur enseignement ; car, phénomène remarquable, le pédagogue allemand, auquel on a si souvent répété qu'il fut le vainqueur de Sadowa et de Sedan, est avant tout un patriote hypertrophié.

L'industriel et le grand commerçant sont ses meilleurs collaborateurs. Il faut de nouveaux débouchés à leurs produits.

L'Allemagne **doit** donc s'étendre, s'étirer
sur le continent, acquérir de riches colonies, détruire la concurrence étrangère.
La lutte pacifique ne lui suffit plus, puisque tous les pays étrangers commencent
à se défendre contre ses exportations. Dès
lors, il ne reste plus qu'à faire tomber,
même par la force, les barrières douanières.
On consentira donc à tous les sacrifices
pour l'armée, afin que celle-ci arrive à
établir sur le monde des affaires l'hégémonie allemande.

Et cette pensée a pénétré si profondément
dans l'esprit des masses que même les
socialistes allemands ont fini par l'adopter.
Ce fut la grande erreur de Jaurès de s'imaginer que le prolétariat d'Outre-Rhin
avait résisté à la poussée pangermaniste.
L'ouvrier allemand sait que si l'armée
agrandit le territoire de l'empire, et dès
lors augmente la clientèle de l'industrie,
sa situation sera plus assurée et son travail rémunéré plus largement. Il est donc

militariste comme le bourgeois. Lors du vote des derniers crédits militaires, les députés socialistes ne firent qu'une opposition de pure forme à l'énorme augmentation des contingents de l'armée, puis ils votèrent comme un seul homme le milliard d'impôts extraordinaires qui devait rendre possible la réalisation de cette importante réforme. Et pourquoi le firent-ils? Simplement parce qu'ils savaient que sans cela leurs électeurs ouvriers les abandonneraient.

C'est donc bien le peuple allemand qui a voulu cette guerre. Préparée de longue main par les intellectuels, qui forment l'état-major du pangermanisme, la poussée formidable est venue d'en bas. L'empereur eût peut-être préféré remettre à des jours meilleurs l'inévitable conflit ; mais ni le parti militaire, ni les grandes associations patriotiques ne l'ont permis. Généraux, professeurs, industriels, commerçants et ouvriers sont également responsables des carnages actuels.

Voilà pourquoi, pour nous autres qui connaissons l'Allemand pour l'avoir longtemps fréquenté, les atrocités commises par les troupes impériales ne sont pas une surprise. Le mépris et la haine de l'étranger se retrouvent et chez l'officier de métier et chez le soldat de fortune. L'un et l'autre croient travailler à la grandeur de leur pays en incendiant et en massacrant. C'est le concurrent de leur industrie qu'ils font disparaître.

Et puis quels ménagements doivent-ils donc garder, eux qui appartiennent au « peuple des seigneurs », vis-à-vis des représentants des races inférieures ?

Qu'on n'essaie donc pas d'apitoyer le peuple français en lui montrant une nation d'esclaves conduite à la boucherie par une dynastie démesurément ambitieuse. L'empereur Guillaume eût compromis sa couronne s'il avait résisté à l'entraînement général. Quand il revint de son voyage dans les mers du Nord, il se trouva devant le fait accompli. Il essaya néanmoins d'ajourner encore le conflit. Sa correspondance avec le tsar et le roi d'Angleterre fit gagner cinq bonnes journées aux puissances de la Triple-Entente. Mais l'opinion populaire, savamment travaillée, fut cette fois plus forte que ses légitimes appréhensions.

Le sort en était jeté. L'Allemagne orgueilleuse croyait que le moment était venu d'établir sa domination incontestée sur tout l'univers.

LE ROLE DU REICHSTAG

Et le Reichstag ? Quelle a été son attitude au cours des derniers événements ? m'a demandé un ami, auquel j'affirmais que Guillaume II avait eu la main forcée par une opinion publique qu'avait surexcitée l'agitation pangermaniste.

Le Reichstag ? Autant vaudrait n'en point parler. L'Allemagne ne connaît pas le parlementarisme. Toutes les fois que la représentation nationale a esquissé un geste de résistance, les gouvernements confédérés ont autorisé l'empereur à la dissoudre et le peuple a toujours renvoyé à Berlin une majorité plus souple.

L'empire n'a qu'un ministre responsable : le chancelier. Les secrétaires d'Etat, qui le secondent, ne sont que des chefs de service et parlent toujours en son nom. Les projets de lois sont déposés par lui, après avoir reçu l'approbation préalable du Conseil fédéral, représentation proportionnelle des princes confédérés. Ils sont examinés par le Reichstag qui rarement les amende : car à la première tentative d'opposition sérieuse le chancelier prononce son «inadmissible» (unanehmbar) qui rend toute discussion inutile.

Autrefois le parlement d'empire faisait encore un usage abondant de son droit d'initiative. Durant les dernières années il y avait presque renoncé ; car, pour bien marquer son dédain pour le parlement, le gouvernement s'abstenait de paraître dans la salle des séances quand un projet de loi, qu'il n'avait pas lui-même élaboré, était mis à l'ordre du jour.

Il fut un temps où le Reichstag comptait des hommes de grande valeur : Windhorst, Bennigsen, Miquel, Kardorf, Singer, Liebknecht, Richert. Ces grands parlementaires n'ont malheureusement pas fait école. Le centre catholique des Spahn et des Erzberger, par exemple, n'est plus celui des Mallinckrodt et même des Lieber. Les nationaux-libéraux sont devenus un troupeau bêlant sous la direction du mauvais berger qu'est le vaniteux Bassermann. Les démocrates (radicaux) ont perdu toute leur fière indépendance depuis qu'ils se sont mis à la remorque de vulgaires ambitieux comme les Wiemer et les Muller-Meiningen. Conrad Haussmann essaye bien encore de faire revivre les anciennes traditions du parti ; mais il ne jouit d'aucune autorité auprès de ses collègues. Quant aux socialistes, ils sont profondément divisés, et, depuis la disparition des grands chefs doctrinaires, ils acceptent de plus en plus les théories édulcorées des possibilistes de l'école de Bernstein et de Franck. Seuls, les conservateurs n'ont pas changé. Ils continuent à se déclarer partisans de l'autocratie, et, dans toutes les discussions, leurs orateurs affichent le dédain le plus écrasant pour le régime parlementaire.

Le hobereau de l'Elbe est un homme dont l'horloge retarde de cinq siècles. C'est lui pourtant qui régit la Prusse et par elle tout l'Empire. Les familles conservatrices fournissent en effet tout le haut personnel gouvernemental allemand, comme elles détiennent également les commandements importants dans l'armée. Faut-il rappeler à ce propos que dans les régiments de la garde et dans la cavalerie, on ne trouve que des officiers nobles ? Pour donner un semblant de satisfaction à l'opinion publique, chacun de ces régiments adopte un officier roturier, ce qu'en Prusse on appelle « le bourgeois de parade ».

Mais revenons au Reichstag. Depuis plusieurs années, l'opposition n'y existe pour ainsi dire plus, surtout pour les questions de défense nationale. Le prince de Bulow, qui était un manœuvrier parlementaire remarquable, avait réussi à domestiquer les partis de gauche. Les concessions qu'il leur fit sur le terrain économique furent largement compensées par les sacrifices qu'ils lui consentirent dans le domaine de la politique proprement dite.

Dans ce pays où tous les partis s'attachent avant tout à obtenir et, hélas ! aussi, à mériter la faveur gouvernementale, le centre catholique ne tarda pas lui non plus, à renoncer à son attitude intransigeante, et voilà comment M. de Bethmann-Hollweg en arriva, durant les dernières sessions, à disposer de deux majorités de rechange, avec lesquelles il faisait aboutir sans peine tous les projets du gouvernement.

Il ne faut pas oublier, d'un autre côté, que par suite de l'agitation intense faite par les grandes sociétés patriotiques et par le corps universitaire, l'opinion publique, même dans les milieux ouvriers, n'eût plus admis le refus du moindre crédit militaire par ses représentants. Cela est tellement vrai que, depuis les dernières élections générales (janvier 1912), la presse officieuse menaçait le Reichstag d'une dissolution à la première velléité d'indépendance. Or les socialistes redoutaient par-dessus tout des élections faites sur un mot d'ordre national. Ils étaient donc les premiers à faciliter l'adoption des lois militaires.

Quant aux démocrates, ils firent en cette occasion, étalage d'un chauvinisme que même les conservateurs devaient trouver exagéré. Des nationaux-libéraux, représentants du grand commerce et de la grande industrie, je ne dirai rien ; car chez eux les partisans de « la plus grande Allemagne » furent de tout temps les plus nombreux.

Quand donc l'état-major général de l'armée exigea trois années de suite le

vote de crédits écrasants, quand après
la grande réforme financière de 1906,
qui avait mis à la disposition du gouvernement 500 millions d'impôts annuels nouveaux, il présenta une note d'un milliard
de crédits extraordinaires et de 250 millions de contributions périodiques, tous les
partis du Reichstag s'inclinèrent. Seuls,
les députés polonais et alsaciens-lorrains
refusèrent de s'associer à ces votes. Il
faut avoir entendu les applaudissements
frénétiques qui saluèrent l'adoption à
une écrasante majorité des derniers crédits militaires, applaudissements auxquels
s'associa, contrairement aux règlements,
le public des tribunes, pour se rendre
compte du formidable élan patriotique
que le parti des officiers et le pangermanisme
avaient su créer dans le peuple allemand.

Le Reichstag ne fut donc pas un élément modérateur. Poussé par le sentiment
populaire il accéléra plutôt le mouvement
qui devait précipiter l'Empire dans une

politique d'aventures. « Il faut que nous soyons assez forts pour mener victorieusement la lutte sur deux fronts », lui avait dit le chancelier. Et le Parlement avait acquiescé du bonnet. Cet excellent M. de Bethmann-Hollweg, que les hasards de la politique et le caprice de son souverain avaient mis au premier rang, sans que rien dans son passé ne l'eût préparé, lui, le sociologue et le philosophe, aux mystères de la diplomatie, ne se doutait pas, au moment où il prononça ces fières paroles que, bientôt, l'Allemagne, abandonnée de tous, serait obligée de faire face à une coalition beaucoup plus formidable. Dans ses calculs il n'avait oublié qu'un seul facteur : la haine universelle que l'outrecuidance de l'Allemagne avait fait germer bien au delà des frontières de la France et de la Russie.

LE CHOIX DE L'HEURE

Pourquoi les Allemands ont-ils attendu jusqu'au mois de juillet pour déclarer la guerre et pourquoi devaient-ils la déclarer à ce moment ?

Il y a plusieurs motifs au choix de cette date.

Et d'abord les trois augmentations successives de leurs effectifs de paix et la création de deux nouveaux corps d'armée et des formations de réserve correspondantes exigeaient des délais assez prolongés. Il fallait complètement refaire les plans de la mobilisation qui, en Allemagne, est presque partout régionale, comme aussi les listes de convocation des réservistes. De plus, l'instruction de 12.000, 30.000 et 178.000 recrues en surcharge des prélèvements ordinaires demandait aux gradés un effort considérable.

L'armée française se trouvait sans doute dans un état d'infériorité évident, au moment où deux classes entières devaient être rapidement formées. L'Allemagne qui avait maintenu le service de trois ans pour sa cavalerie, son artillerie montée et ses troupes de marine, n'avait peut-être pas à lutter avec les mêmes difficultés ; mais, étant donné que le soldat allemand ne devient utilisable qu'après un long et méthodique entraînement, la levée de 200.000 recrues en plus des contingents ordinaires présentait un danger réel pendant la période de novembre à mi-juin. L'état-major de Berlin tenait à ne mettre en ligne que des troupes solides.

Et puis, malgré tout on espérait encore dans les milieux gouvernementaux et parlementaires allemands, que la loi de trois ans ne serait pas maintenue par les Chambres françaises. J'ai souvent entendu mes collègues du Reichstag exprimer cet avis avec une assurance qui me déconcertait. Les journaux d'outre-Rhin enregistraient avec la plus évidente satisfaction tout ce qui se disait et s'écrivait à ce sujet en France. La déconvenue fut grande dans tout l'Empire quand il fut évident qu'une majorité imposante restait acquise au maintien de la loi militaire, dont on redoutait surtout les résultats pour la formation des cadres.

L'armée allemande commençait, en effet, à subir les effets désastreux de ses traditions autocratiques. Depuis quelques années, une crise se produisait dans le recrutement des officiers de réserve. Pour combler les vides qui se multipliaient, depuis que les fils de familles bourgeoises, peu soucieux de perdre un temps considérable en longues et fréquentes périodes d'instruction et ennuyés de rester soumis toute leur vie durant au duel obligatoire, refusaient en masse de passer l'examen d'officiers de réserve. il avait fallu recourir aux instituteurs. Or, pour qui connaît l'esprit de caste du corps d'officiers allemands, c'était là un sacrifice énorme.

Même difficulté pour trouver des sous-officiers en nombre suffisant. L'institution perdait en profondeur, s'il m'est permis de m'exprimer de la sorte, ce qu'elle gagnait en étendue. On ne pouvait plus procéder à un choix assez judicieux des sujets et il fallait accepter tous les candidats qui se présentaient.

L'Allemand n'est pas soldat par nature, il ne le devient que par « mécanisation ». Le Français acquiert, au contraire, très vite, toutes les qualités militaires après une formation rapide. Intelligent, souple et débrouillard, il donne son maximum d'effort quelques semaines après son entrée dans la caserne.

La situation était donc la suivante : la loi de trois ans devait donner, dans un délai relativement court, à l'armée française, des cadres remarquables, tandis qu'en Allemagne le nombre des officiers de réserve et la valeur des sous-officiers allaient en diminuant.

De plus, l'Empire germanique était arrivé au bout de ses ressources financières. Son budget additionné à celui des Etats particuliers, avait atteint le chiffre fantastique de 10 milliards de marks, 12 milliards et demi de francs, pour une population qui ne dépassait que d'un tiers celle de la France. Les emprunts, pourtant très modestes, de 260 et 264 millions, qu'il avait fallu émettre en 1904 et 1905, n'avaient pas été couverts. Les impôts indirects de 500 millions que le Reichstag imposa au peuple allemand en 1906 faillirent, tant l'irritation qu'ils provoquèrent dans les masses fut profonde, donner la majorité aux partis de gauche. Pour faire face aux dépenses qu'exigeait la dernière augmentation des effectifs, il fallut, l'an dernier, recourir à l'expédient de l'impôt extraordinaire sur la fortune et sur les gros revenus. Encore l'adoption de cet impôt, qui devait par ailleurs provoquer une grosse déconvenue, puisqu'il donna environ un quart de moins qu'on en attendait, souleva-t-il des protestations tellement unanimes, qu'on dut en répartir le prélèvement sur trois exercices.

Dans ces conditions, si l'Allemagne avait persévéré dans la voie des armements sans fin, elle n'eut pas tardé à se trouver acculée aux pires difficultés budgétaires. Il fallait donc, coûte que coûte, en arriver à une liquidation violente.

Impossible d'attendre que la loi de trois ans donnât en France son maximum d'effet. Plus imprudent encore de permettre à la Russie de mettre à point son réseau ferré de l'Ouest et de compléter ses formations. On disait couramment au Reichstag, l'hiver dernier, qu'en 1917, la Double-Alliance serait en forme parfaite et qu'il serait criminel de lui accorder ce délai pour terminer ses préparatifs de guerre.

Le conflit devait donc se produire en été 1914. Le Trésor de Spandau avait été doublé, l'Empire venait de toucher en avril, mai et juin, le tiers de l'impôt sur la fortune. On avait l'argent nécessaire pour pourvoir aux nécessités du Trésor pendant les premières semaines de la guerre. La formation du contingent de 1913 était terminée. On avait eu le temps de faire fabriquer, dans le plus grand secret, cette artillerie lourde qui assurait une supériorité marquée à l'armée allemande. Enfin les circonstances paraissaient particulièrement favorables. Les agents diplomatiques, que l'Europe n'envie pas, ceux-là, à l'Allemagne, signalaient en Russie et en France les signes avant-coureurs d'un mouvement révolutionnaire que la guerre déchaînerait presque mathématiquement. Le prince Lichnowski croyait pouvoir assurer à son gouvernement que la révolte de l'Irlande paralyserait complètement l'Angleterre.L'Italie, sans doute hésitante, ne pourrait pas néanmoins dégarnir sa frontière des Alpes et elle immobiliserait par cette simple menace pour le moins six corps d'armée français. Les circonstances étaient dès lors exceptionnellement favorables.

Voilà pourquoi l'Allemagne a déchaîné sur le monde, à la fin du mois de juillet dernier, la guerre la plus épouvantable que le monde ait jamais vue. Son calcul était savamment établi; les événements l'ont heureusement déjoué. A Berlin, on n'avait prévu ni la neutralité de l'Italie, ni l'impuissance de l'Autriche, ni la décision de la France, ni la rapidité relative de l'avance russe, ni la résistance héroïque de la Belgique, ni surtout l'intervention énergique de l'Angleterre. Par contre, toutes les nations savent à cette heure que le pangermanisme accapareur et haineux avait rêvé d'établir sa domination sur l'univers et elles se sont coalisées pour en finir d'un seul coup avec la théorie barbare de la « race prédestinée ».

L'ARMÉE ALLEMANDE

Loin de moi la pensée de diminuer la valeur de l'armée allemande. J'ai cependant, durant les derniers jours, entendu si souvent émettre sur sa puissance des jugements dont l'exagération était évidente, que je juge de mon devoir d'essayer de les rectifier.

Depuis l'adoption de la dernière loi militaire, l'armée allemande active comptait environ 820.000 hommes, en comprenant dans ce chiffre toutes les formations des services auxiliaires. Sur pied de guerre, cette armée de première ligne doit être augmentée d'un tiers.

Les cadres sont bons et bien entraînés. 30.000 officiers, 83.000 sous-officiers de métier donnent à cette masse considérable d'éléments de combat une solide armature.

Encore ne faut-il pas s'imaginer qu'il n'y ait pas de fissure dans l'édifice.

L'officier de troupe connaît son métier ; mais il n'a aucun esprit d'initiative. Quand il n'a pas passé par l'Ecole de guerre, c'est un homme de culture professionnelle très médiocre. Son passage à l'Ecole de cadets à un âge où l'enseignement militaire sérieux ne saurait être donné avec profit et le stage régimentaire qu'il a fait à 18 ans ne sauraient être l'équivalent du concours qui précède l'admission dans les écoles militaires de France et l'instruction spécialisée qu'on y donne.

Très soigneux de sa tenue, élevé dans le respect presque fétichiste de l'uniforme et dans l'orgueil de sa caste, persuadé que l'homme commence au sous-lieutenant, l'officier allemand est incontestablement brave, mais il possède rarement d'autres qualités sérieuses. Il fera marcher ses hommes au feu en les tenant bien en main ; mais il se méfiera toujours de leur courage

et de leur endurance. Il donnera spontanément l'exemple de l'audace et de la
discipline ; mais, aux troupes soumises
à ses ordres, il ne saura pas inspirer cet
amour ardent pour la patrie qui dispense
le supérieur de l'emploi des moyens de
contrainte violente. Il sait que ses hommes,
privés d'une direction brutale, ne pourront
pas se tirer d'affaire tout seuls.

Les qualités et les défauts de l'officier
se retrouvent dans le sous-officier, rengagé
de 12 ans, mais avec moins d'intelligence
et plus de grossièreté. On sait que malgré
toutes les protestations du Parlement,
les mauvais traitements continuent à être
appliqués aux soldats sans défense : injures grossières, coups, punitions dégra-
dantes, comme par exemple de boire le
contenu d'un crachoir ou de lécher le
plancher. Certaines natures passives s'ac-
commodent de ce régime honteux, d'autres dévorent silencieusement leur rage
en se promettant de se venger à la pre-

mière occasion de leurs tortionnaires. Je suis intimement convaincu que déjà plus d'un sous-officier allemand a été fusillé dans le dos.

Les soldats qui ont passé par cette école et qui savent que leurs chefs sont derrière eux, revolver au poing, prêts à les abattre au moindre signe de faiblesse, font automatiquement leur devoir ; mais on ne peut sans danger les abandonner à eux-mêmes. Ils forment un mur qui avance, mais, que le contrefort des gradés vienne à s'écrouler ou à se crevasser, et le mur s'effritera du coup.

Quant aux formations de réserve, elles ne valent pas grand'chose en Allemagne. Dans toutes les grandes manœuvres on les écarte généralement dès le second jour, parce que les hommes, dont la graisse a envahi les tissus, ne sont plus capables d'un effort soutenu, et davantage encore parce qu'ils ont perdu l'habitude de la discipline rigide sans laquelle un corps de troupes allemand n'évolue plus que très péniblement.

Un chef qui commande un mouvement, des cadres qui les font exécuter avec une précision remarquable par des automates sans volonté et sans pensée, voilà l'armée qui a envahi la France, et qui, sans se soucier des pertes énormes que lui fait subir un ennemi mobile et entreprenant, fait lourdement sa trouée.

Quant à l'armement, il serait encore ridicule de s'en exagérer la valeur. L'artillerie de campagne allemande est notoirement inférieure à celle des armées françaises. Les pièces manquent de stabilité, les obus n'ont de loin pas la même efficacité que les obus du 75. Leur charge en explosif est à peine du quart et les éclats sont bien moins meurtriers. Le 105 lourd est plus redoutable que le canon de campagne. Cependant, l'action utile de ses obus est extrêmement limitée et il fait plus de bruit que de mal. Le seul avantage

sérieux qu'il présente est de permettre
d'ouvrir le feu à des distances considérables.

Il ne manque pas de gens timorés pour
s'imaginer que l'Allemagne dispose d'un
réservoir inépuisable d'hommes. Rien de
plus faux. L'empereur a jeté sur la France
toutes ses disponibilités. Les troupes de réserve sont médiocres. Autant ne pas parler
de la territoriale. Les pertes énormes
que l'active a subies ont déjà considérable-
ment diminué sa valeur offensive.

Pour vaincre sûrement cette armée,
qui déjà manque de souffle, il suffit de
tenir quand même et toujours devant
elle.

Le Prussien semble physiquement très
fort ; il l'est beaucoup moins que l'Allemand du Sud. En 1870-71, ce furent les
contingents bavarois et badois, qui opé-
rèrent toutes les marches forcées. A ce
propos, je rappellerai l'édifiante polémi-
que rétrospective qui s'engagea l'an der-

nier entre les journaux de Prusse et de Bavière, et où d'anciens officiers, qui avaient fait la grande guerre, s'accusèrent mutuellement d'incapacité et de lâcheté.

L'ennemi est donc beaucoup moins redoutable qu'il ne le paraît. Pour peu que la marche triomphante des Russes l'oblige à distraire quelques corps d'armée des frontières de Belgique et de France, il perdra la seule supériorité qui lui reste, celle du nombre.

C'est donc avec une pleine confiance qu'on peut envisager l'avenir le plus prochain. L'attaque brusquée, sur laquelle comptait l'état-major allemand, est manquée. La marche sur Paris, à travers un interminable couloir qui rendait l'approvisionnement difficile et chanceux, n'était qu'un bluff, destiné à permettre à la diplomatie allemande de tenter un chantage désespéré.

Avec du calme, du sang-froid, de la persévérance, une froide décision, on arrivera bientôt à jeter à bas, et pour toujours, le colosse d'airain aux pieds d'argile.

L'armée allemande est puissante, incontestablement. Le Reichstag n'a jamais ménagé les crédits nécessaires à la création de formations nouvelles. Les services auxiliaires sont remarquablement organisés. Toutes les innovations modernes y trouvent leur application méthodique. La machine guerrière de l'Allemagne est même d'une complication tellement grande que je crois que le moindre grain de sable qui en arrêterait un rouage pourrait bien compromettre la marche de l'ensemble.

*

Interview parue sur le même sujet dans la *Liberté*.

— Les officiers sont-ils à la hauteur de leur tâche ?

— L'officier allemand qui sort de l'école de guerre a de la valeur. L'autre, l'officier de troupe, est un monsieur correct, de tenue impeccable, de manières recherchées, qui fait bonne figure à la parade, mais qui me semble savoir fort peu de chose de son métier. Je ne vois pas bien quand ces messieurs pourraient trouver le temps d'étudier. Ils passent la matinée à la caserne, l'après-midi et la soirée dans les cafés, les brasseries et le casino militaire. J'imagine que ces officiers-là doivent fort mal diriger une manœuvre qui sort du cadre ae ce qu'ils font tous les jours, mais qu'ils sauront mourir élégamment.

— Et le haut commandement ?

— Il y a peu de généraux connus en Allemagne. Bernhardi avait une excellente réputation de tacticien, mais il a déplu à l'empereur, qui lui a fendu l'oreille. Von Emmich est, dit-on, mort ou blessé grièvement. Haeseler est bien vieux.

Il y a six ou sept ans, je me trouvais au camp de Jutterbock, où on présentait les nouvelles munitions de l'artillerie aux membres de la commission du budget du

Reichstag. Le hasard voulut qu'au lunch qui fut servi après la manœuvre, je me trouvasse à côté du ministre de la guerre, le général von Eynem. On en vint tout naturellement à parler de la possibilité d'un conflit armé entre la France et l'Allemagne. Voici textuellement ce que me dit le ministre :

« *Quand les effectifs atteignent le chiffre de 3 millions et demi d'hommes d'un côté, de 4 millions de l'autre, il ne peut plus être question sérieusement de supériorité numérique. L'armement des deux armées se vaut. Aurons-nous un Moltke ? Les Français auront-ils un Napoléon ? Tout est là. Or, sur cette question, nous ne savons absolument rien ; car, ni d'un côté ni de l'autre, nous n'avons de général qui ait commandé à des fronts de bataille de 60 kilomètres, comme nous en verrons dans les prochaines rencontres.* » (Il était modeste, ce brave ministre, et il ne prévoyait pas des batailles s'étendant sur un front de 500 à

600 kilomètres et durant plusieurs mois.)

Et il ajoutait :

« *La question du ravitaillement jouera également un rôle très considérable. Le soldat qui est mal nourri manque de courage...* »

— D'après les nouvelles qui arrivent du théâtre de la guerre, les troupes allemandes ont faim...

— C'est possible. Au mois de juin dernier, j'ai entendu au Reichstag le général en retraite Haeussler, député du centre, critiquer en termes sévères l'intendance allemande. Son discours, très long et très documenté, m'a énormément intéressé. L'orateur faisait l'éloge de l'intendance française qui, grâce à sa centralisation, peut répartir judicieusement les ressources du pays entre les différentes armées en campagne. Par contre, il déplorait que chaque chef de corps d'armée allemand eût à pourvoir individuellement aux besoins des troupes placées sous ses ordres. A quel centre de ravitaillement devrait-il s'adresser ? Ce centre disposerait-il des réserves et des moyens de transport nécessaires ?

C'étaient là les questions que le vieux général posait sans pouvoir y répondre. La réplique du ministre fut courte et embarrassée.

J'ai donc quelque raison de croire que ce qui s'est passé en Belgique pourrait bien se reproduire ailleurs, surtout quand les armées allemandes ne pourront plus vivre sur le pays qu'elles occupent.

— L'artillerie est-elle bonne ?

— Je ne suis pas un homme du métier. Je me bornerai donc à vous dire ce que j'ai vu à Jutterbock. *Les canons qu'on nous a présentés sautaient comme des cabris. A chaque décharge, bien que la bêche eût été profondément enfoncée dans le sol et qu'on eût jeté quelques pelletées de terre sur les roues, la pièce faisait un bond d'environ 30 centimètres au moment du tir. Il fallait donc procéder à un nouveau pointage après chaque coup de canon.*

Comme j'en faisais l'observation au ministre, il me répondit évasivement en faisant la critique du canon français, « *trop lourd et tellement délicat qu'il faut attacher un mécanicien à chaque pièce !... »*

— Et l'esprit des hommes ?

— L'Allemand n'est pas soldat par nature. La force de l'armée germanique se trouve dans le sous-officier, rengagé de 8 ou de 12 ans, brute galonnée, qui a la routine du métier et qui, par les mauvais traitements, maintient une discipline de fer.

Seulement, voilà : il y a, là encore, du déchet. Comme il faut avoir été sous-officier pour obtenir un poste de fonctionnaire subalterne dans les administrations publiques, un grand nombre de ces professionnels ne voient leur passage dans l'armée qu'un stage désagréable, mais auquel il faut se soumettre. Depuis que 83.000 sous-officiers sont devenus nécessaires à l'armée allemande la qualité des sujets a beaucoup diminué. On dit même que dans leurs rangs il se trouve 50 0/0 de socialistes.

Quant au soldat, mal traité, mal nourri, soumis à tous les caprices de supérieurs qui le conduisent comme une bête de somme, il obéit, mais sans enthousiasme. On a détruit chez lui tout esprit d'initiative. Aussi ses chefs ne l'abandonnent-ils presque jamais à lui-même. *Les colonnes allemandes ne se mettent en ordre dispersé qu'à la dernière minute. Elles opèrent presque toujours en masses profondes. De là les pertes considérables qu'elles éprouvent.*

— En somme, vous n'avez pas, à l'égard de l'armée allemande, cette considération un peu susperstitieuse qu'elle prétend imposer ?

— Non ! Elle est « colossale », mais ses bases sont moins solides qu'on ne pense. Qu'elle soit sérieusement battue une seule fois, et vous verrez comme ensuite les autres victoires seront faciles...

7

TOUS ESPIONS

Pour ceux qui douteraient encore de la longue préparation de la guerre présente, il suffira de lire les récits absolument concordants où nous retrouverons toujours le fabricant, le commerçant, l'employé d'hier, transformé en guide des colonnes allemandes et venant s'imposer en maître autoritaire à ceux que, il y a encore quelques semaines, il accablait de ses obséquieuses prévenances.

Tout l'Allemand est là. Se glisser silencieusement dans la place, s'y créer des relations utiles, étudier le milieu pour en connaître les ressources, communiquer à qui de droit tous les renseignements qu'il a pu recueillir. Ce genre de services est d'ailleurs bien rémunéré. Il

se paye en argent et en faveurs. L'espion
professionnel ou amateur est tenu en haute
estime en Allemagne. Le métier qu'il fait
n'a rien de déshonorant. Les voyageurs
les plus riches ne dédaignent pas de s'y
livrer.

Mentalité curieuse et qui nous décon-
certe. Même à l'intérieur, l'espionnage
est considéré comme un devoir civique.
Ne vous aventurez pas à dire du mal
de l'empereur ni de ses fonctionnaires
dans la plus stricte intimité. Si un officier
de réserve se trouve parmi vos interlo-
cuteurs, il vous dira froidement : « Monsieur, je regrette infiniment de vous exposer à de graves ennuis : mais mon serment
de fidélité m'oblige à vous dénoncer ».
Encore celui qui vous avertit de la sorte
est-il relativement un honnête homme.
Il en est d'autres qui s'abandonnent au
mouchardage sans qu'on puisse se douter
d'ou vient le coup.

J'ai connu un fonctionnaire allemand,

et pas des moindres, qui, lorsqu'il se trouvait en société d'Alsaciens indigènes, leur tenait toujours le petit discours suivant : « Messieurs, surveillez vos paroles, je me verrais sans cela dans la triste nécessité de rapporter vos propos subversifs à mes supérieurs hiérarchiques, et comme cela m'ennuierait et vous créerait de sérieuses difficultés, ne dites rien qui puisse blesser mon loyalisme ».

Il s'agit d'ailleurs en l'espèce, non pas seulement de manifestations de zèle individuel, mais bien d'une organisation savante, dont les ramifications s'étendent sur le monde entier. Les grandes sociétés patriotiques allemandes se font gloire d'avoir, dans tous les pays étrangers, créé des groupements nationaux dont la mission consiste d'un côté à maintenir l'amour de la patrie parmi les déracinés, de l'autre à faire de ceux-ci autant d'agents bénévoles mais dévoués, de l'espionnage militaire, politique et commercial. Toutes les indications qui viennent de ces groupes sont savamment classées et, suivant leur nature, communiquées ou aux industriels ou à l'état-major.

Chaque association allemande à l'étranger remplit donc une véritable mission. Ses membres sont entraînés à préparer l'avenir ou proche ou lointain. Ils se considèrent comme les missionnaires de « la plus grande Allemagne ». Les 100.000 Allemands de Paris, les 7.000 d'Anvers n'étaient pas des unités perdues dans une foule, ils formaient des bataillons bien encadrés qui, en pleine paix, préparaient avec méthode les opérations de la guerre. En attendant le grand jour, ils se faufilaient partout, dans les fabriques, dans les grands magasins, dans les banques, écoutant à toutes les portes, s'acquittant consciencieusement de leurs fonctions d'espions. Maintenant, ces employés, modèles d'hier, que nous avons connus polis à l'excès, reviennent arrogants et moqueurs à la tête des détachements allemands. Après avoir courbé l'échine, ils se dressent en maîtres insolents devant leurs anciens patrons ou leurs anciens clients.

Quand la guerre sera terminée, le premier soin des autorités, dans les pays alliés, devra être de rendre dorénavant cet espionnage impossible ; car les Allemands ont trop la délation dans le sang pour ne pas revenir à ses honteuses pratiques immédiatement après la conclusion de la paix. Dans les collèges français, l'élève qui moucharde est aussi dédaigné de ses maîtres que de ses condisciples. Dans les gymnases allemands il jouit de l'estime de tous. Il en est de ce travers comme de l'ivrognerie qui, de l'autre côté du Rhin, n'a rien de déshonorant. Le peuple germanique a ainsi des tares que le contact avec des nations plus civilisées n'a pas pu faire disparaître. Dans l'âme de chaque Allemand sommeille un délateur presque de profession. L'homme de bonne compa-

gnie, comme l'homme du peuple, est aussi
fier d'apporter un renseignement utile aux
autorités de son pays, que le chien de
chasse de rapporter une pièce de gibier
à son maître. Il sait d'ailleurs que cela
lui vaudra la plus haute considération
de tous, tant le mouchardage est entré
dans les mœurs de ces Carthaginois modernes.

Un exemple entre mille. Un de mes
collègues du Parlement strasbourgeois se
trouvait un jour dans un des salons les
plus *select* de Paris. On en vint à parler
du Statthalter d'Alsace-Lorraine et le
fabricant alsacien exprima son jugement
dédaigneux sur l'homme qui, de fait,
n'avait pas des qualités exceptionnelles
d'administrateur. Quelle ne fut pas sa
surprise lorsque, invité quelques jours
plus tard à une réception officielle à Strasbourg, il entendit le Statthalter lui dire
d'un air pincé : « Quand il vous arrivera
encore de parler de moi à Paris, faites-le

donc avec plus d'indulgence. » Faut-il
ajouter que dans le salon parisien se trouvait un personnage allemand occupant
une haute situation diplomatique ?

Voilà l'Allemand dans toute sa beauté.
Ne cherchez chez lui aucune grandeur,
aucune générosité, aucune indulgence. Il
est si bien dressé à servir son pays partout
et toujours qu'il le fait même au prix
de sa dignité d'homme. On ne saurait
trop se méfier de lui, surtout quand il
affiche de se montrer poli et prévenant.
Il ne comprend rien à l'ignominie de certains actes que dans tous les autres pays
les esprits les plus simples réprouvent.
La délation abjecte est pour lui le premier
des devoirs patriotiques.

Comment se défendre contre ces êtres
incomplets sinon en leur fermant délibérément les portes des pays, où ils ne s'in-
troduisent que pour y exercer leur métier
de destructeurs ? La Belgique et la France

paient durement à cette heure l'hospita-
lité trop large qu'elles ont offerte aux
espions allemands. Espérons qu'elles ti-
reront de précieux enseignements de
l'épreuve qu'elles traversent.

POURQUOI « ILS » SONT UNIVERSELLEMENT DÉTESTÉS

Les Allemands n'y comprennent rien.
Dans tout l'univers ils sont détestés. Le
Slave les abhorre d'instinct ; dans les
pays latins on éprouve de la répulsion
pour leurs dehors en même temps prétentieux et serviles. L'Oriental ne s'accom-
mode pas de leur autoritarisme poseur.
Quant aux Anglo-Saxons, ils abominent
ce concurrent insinuant, dépourvu de
toute probité commerciale, qui entre dans
la maison en mendiant, pour s'y établir
ensuite en maître exclusif.

Les pangermanistes eux-mêmes reconnaissent que le fond du caractère allemand est le servilisme : *Dienernatur* (naturel de laquais). De fait, il faut toujours
à ces hommes sans individualité des sei-

gneurs, et quand ils n'en ont pas, ils s'en donnent.

Les Etats allemands sont hiérarchisés à un point dont on ne saurait se faire une idée dans des pays à mœurs plus démocratiques. Les titres y sont en honneur plus que partout ailleurs, les fossés qui séparent les castes de la société ont une profondeur déconcertante. Prenons un exemple entre mille.Le Parlement d'Alsace-Lorraine procédait, l'an dernier, à la réforme des traitements des fonctionnaires. Ceux-ci avaient été répartis, après de longues discussions, en une quarantaine de classes, depuis les éclusiers jusqu'au secrétaire d'Etat. Pendant plusieurs semaines, les députés furent l'objet des sollicitations les plus pressantes de la part des intéressés. Ils voyaient tous les jours leurs domiciles envahis par des délégations de fonctionnaires, qui, en redingote et en chapeau haut de forme (excusez du peu) venaient les supplier de les monter d'une

classe ou de deux, oh ! pas pour s'assurer
un traitement supérieur, mais afin qu'ils
leur fût permis à la brasserie, *de s'asseoir
à la même table* que les fonctionnaires
de la classe supérieure.

C'est en effet à ces marques extérieures
de la supériorité dans l'échelle sociale que
l'Allemand attache le plus d'importance.
M. « le conseiller de calcul » (simple titre honorifique) ne consentira plus à frayer
avec les secrétaires qui étaient ses collègues la veille de sa nomination, et ses
camarades d'autrefois l'entoureront d'un
respect auquel se mêlera l'envie. Nulle
intrigue, nulle platitude n'est donc épargnée pour arriver à la fonction ou au titre
qui permettra d'écraser de sa supériorité
les malheureux que le sort a moins favo-
risés.

Rien de plus amusant que de voir un
fonctionnaire allemand courbé en deux
devant son supérieur immédiat, et, une
minute plus tard, se redressant comme s'il

portait toute la dignité de l'empire attachée aux basques de son habit, quand il
donne, d'une voix sèche et cassante, des
ordres à ses subordonnés. Toute l'Allemagne se trouve dans ce changement à
vue : servilisme et outrecuidance.

L'Allemand ne peut même pas s'amuser
librement. Il appartient toujours à plusieurs associations qui sont strictement
ordonnées. On y boit sur ordre, on y exécute des chants à intervalles prévus, tout
un rite compliqué préside aux réunions.
Nous ne mentionnerons qu'en passant les
« corps » et les autres sociétés d'étudiants,
dont le cérémonial est suffisamment connu.
Le simple bourgeois, l'artisan, l'ouvrier
sont embrigadés de la même manière, et
pour l'étranger c'est toujours un nouveau
sujet de surprise que de voir ces hommes,
aux heures où ils recherchent de nécessaires
distractions, soumettre leurs plaisirs à une
discipline rigoureuse.

On aurait grand tort de supposer que les

doctrines socialistes aient modifié la mentalité de l'Allemand. Le socialisme d'outre-Rhin est tout aussi puissamment organisé que les autres groupements politiques. Les chefs y disposent d'une autorité tout aussi incontestée et sont entourés
des mêmes marques de respect. Un ouvrier qui prend la liberté d'adresser la
parole à un des députés du parti, est tout
aussi humble, tout aussi effondré dans son
attitude que le sous-chef de bureau qui parle
à son directeur, et les députés eux-mêmes
s'inclinent sans discuter devant les décisions du comité central. Ces gens-là, même
quand ils se disent libertaires, ont la discipline et la hiérarchie dans les moelles.

Quand il est abandonné à lui-même
l'Allemand est complètement désorienté.
Aussi ne voyage-t-il jamais sans guides.
Des brochures spéciales lui indiquent les
hôtels et les restaurants des pays étrangers
qui sont tenus par des compatriotes et
où il retrouvera non seulement les fréquen-

tations qui lui sont indispensables, mais encore la facilité de se distraire suivant le rituel national.

Les pangermanistes ont parfaitement compris tout l'avantage qu'ils pouvaient retirer de ce besoin presque maladif qu'éprouve l'Allemand de se grouper. Ils ont créé, partout où existent des colonies allemandes, des associations de sport, de musique, de simple amusement, qui devaient maintenir l'amour de la mère patrie chez ces déracinés. Ils sont même allés plus loin, dans les pays dont la législation est accommodante, et ils y ont fondé des écoles allemandes, des hôpitaux, des journaux, des théâtres allemands. C'est ainsi qu'aux Etats-Unis les 13 millions d'émigrants allemands qui s'y sont établis, forment un véritable Etat dans l'Etat. C'est ainsi encore qu'au Brésil les Allemands sont les maîtres absolus de deux grandes provinces. *Das Echo*, revue hebdomadaire, et le *Deutschtum im Ausland* servent de lien à ces puissantes organisations dont le but, maintenant avoué, est de servir de pionniers au germanisme en attendant le moment où il sera possible d'établir définitivement la domination allemande sur des pays trop accueillants.

Ces habitudes ont un avantage incontestable ; elles coordonnent les efforts de la nation toute entière et les tendent tous vers un but unique : l'hégémonie allemande sur le monde entier.

Sur elles s'est greffée la théorie de la race prédestinée, du «peuple des seigneurs», que les pangermanistes ont fait lentement pénétrer dans l'esprit des masses et qui maintenant y est solidement ancrée. Psychologiquement, le phénomène s'explique facilement. L'Allemand le plus médiocre est persuadé qu'il appartient à un peuple choisi et qu'il pourra se venger sur les races inférieures des humiliations qu'il est condamné à subir dans son propre pays. Il se sent supérieur à des millions d'êtres dégénérés qui n'ont pas, comme lui, l'honneur d'être citoyens de la grande nation. On lui a inspiré un dédain souverain pour l'étranger et cela lui suffit pour se consoler de ne jouer qu'un rôle effacé dans la grande Allemagne.

Et naturellement ce serf, cet esclave, se grisera des appels à la conquête grâce auxquels il espérera pouvoir devenir un « seigneur » dans les régions nouvellement asservies à l'empire. En effet, le jour où « la plus grande Allemagne » étendra ses frontières jusqu'à l'Atlantique et jusqu'au Bosphore, il montera en grade. Et le *civis germanus sum* qu'il lancera fièrement lui permettra d'écraser les races inférieures de son encombrante supériorité.

Il faut avoir entendu un de ces fonctionnaires prussiens subalternes, qui se mouchait encore hier dans ses doigts et qui ne savait pas tenir une fourchette, parler avec un mépris écrasant des Polonais, des Danois, des Alsaciens-Lorrains de la meilleure société, pour comprendre tout ce qu'il y a de morgue insolente chez ces parvenus.

Est-il dès lors surprenant que l'Almand qui se rend à l'étranger soit si insupportable ? Il parle haut, prend d'autorité les meilleures places, n'a aucun égard pour les habitudes du pays, exige qu'on lui serve ses plats accoutumés. Il ne vante que les produits germaniques, se moque lourdement des indigènes, nargue les touristes d'autres nationalités. N'appartient-il pas à la nation « seigneuriale » et ne peut-il pas dès lors tout se permettre ? On ne le voit redevenir humble et servile que si, d'aventure, à table d'hôte, il se trouve être le voisin d'un « conseiller de commerce » ou d'un autre détenteur de titre allemand supérieur au sien. Alors la transformation est subite. Le capitaine Fracasse de tout à l'heure redevient tout à coup un plat valet.

Valet, il l'est encore quand il s'agit d'aller

surprendre à l'étranger les procédés de
fabrication de la concurrence ou de s'y
créer des relations commerciales. Que de
fois n'avons-nous pas entendu des industriels ou des commerçants français nous
dire : « L'employé allemand est un employé modèle, travailleur, souple, obéis-
sant, ne pensant qu'à faire prospérer la
maison. » Eh ! oui, mais cet employé modèle étudie, observe, prend des notes,
et demain, quand il sera rentré dans son
pays, il utilisera tous les renseignements
patiemment recueillis pour ruiner son ancien patron. Les fabricants d'huile du
Midi, qui longtemps engagèrent des Allemands dans leurs bureaux, pourraient
en dire très long sur ce sujet.

L'Allemand n'invente rien ; mais il sait
merveilleusement utiliser les inventions
des autres. La science allemande n'est
qu'une science de seconde main ; mais elle
travaille méthodiquement à fournir d'utiles indications à l'industrie. Berthelot

a créé la chimie organique et donné les formules nouvelles ; mais c'est en Allemagne qu'il faut aller pour acheter les produits dont il a trouvé la composition. Dans tous les domaines nous retrouvons le même procédé. L'Allemand vole les idées des autres et il les monnaye.

Et puis il « bluffe ». Personne mieux que lui ne sait faire valoir sa marchandise. Les fabriques allemandes sont installées luxueusement, ce qui ne signifie en aucune manière que de leurs machines ne sorte pas de la camelote. Arrivés les derniers à une grande prospérité industrielle et commerciale, les hommes d'affaires d'outre-Rhin se sont procuré un outillage neuf qu'ils ont installé dans de véritables palais. Chez eux tout est « Kolossal », tout est « américanisé ». Les directeurs reçoivent dans des bureaux princiers, les ateliers sont vastes et reluisants de propreté. Tout cela est construit en faisant de larges appels au crédit et la lourde beauté de la façade cache souvent mal le peu de solidité de l'édifice. Mais il faut en imposer au client, surtout à celui du dehors, et de fait, trop souvent le voyageur étranger se laisse prendre à ces apparences trompeuses et donne d'importantes commandes à une maison allemande qui lui fournira très cher des marchandises inférieures à celles qu'il trouverait meilleures et à des conditions plus avantageuses dans les fabriques moins luxueuses de son propre pays.

Une autre supériorité de l'Allemand, c'est sa représentation commerciale. Et d'abord tous les consuls allemands ne sont que des commis-voyageurs. Ils renseignent non seulement leur gouvernement, mais aussi les grands industriels de la métropole sur les possibilités d'achats et de ventes. Ils tiennent les banques au courant des opérations fructueuses à tenter. Comme ils marchent à la commission, et cela à la connaissance de leurs chefs, on peut être sûr que leur zèle ne se ralentira jamais.

Viennent ensuite les journaux spéciaux, qui font connaître aux Allemands résidant à l'étranger les bonnes occasions, leur recommandent de placer les produits du pays, leur offrent de fortes réductions sur les prix, leur indiquent les postes avantageux qu'ils pourraient occuper et où il leur serait loisible de rendre des services à leurs compatriotes. Qu'on lise un seul numéro de *l'Echo* et on sera tout bouleversé par la précision de ce service de renseignements commerciaux, surtout lorsqu'on se rappellera que cette grosse revue hebdomadaire est servie à 300.000 Allemands qui se sont expatriés.

Enfin le commis-voyageur proprement dit est presque dans l'empire une institution nationale. Jeune, beau parleur, admirablement dressé à son métier, sachant plusieurs langues, assez peu scrupuleux pour renier sa patrie dans tous les dialectes employés sur le globe, bien qu'il reste toujours un agent national de tout premier ordre, il s'insinue partout, ne se laisse décourager par aucune rebuffade, et ne se retire avec un sourire tout sucre et tout miel qu'après avoir reçu sa commande. Ce personnage gênant envahit, à des millions d'exemplaires, la France et la Suisse, l'Italie et l'Espagne. L'article qu'il vous offre ne vous convient pas, fort bien ; il en fera fabriquer un autre qui soit plus à votre goût. Il vous promettra de copier tous les modèles que vous lui présenterez. Et il arrivera presque toujours à son but. « Article de Paris », bibelots, bijouterie en toc, instruments aratoires, machines-outils, tissus, il les vendra même dans les centres qui se sont spécialisés dans leur fabrication. On lui donne une commande rien que pour s'en débarrasser. Et puis, n'a-t-il pas promis de démarquer les produits qu'il vend? Le **client** ne se doutera jamais que le porte-monnaie qu'il achète dans un bazar des boulevards parisiens sort d'une fabrique d'Offenbach, ou que la pelle qu'il a trouvée dans un magasin de la Cannebière a été forgée à Essen.

L'Allemagne est arrivée de la sorte à pousser son exportation au chiffre formidable de 9 milliards de marcks ; mais du même coup elle a coalisé contre elle l'industrie et le commerce de tous les autres pays. Les Anglais se sont vus éliminés de la plupart de leurs grands marchés. La France est devenue tributaire de l'empire pour des articles dont autrefois elle avait elle-même le monopole.

Il y a mieux. Les Allemands souffrent constamment de disette d'argent. L'épargne est inconnue, ou à peu près de l'autre côté du Rhin, où l'ancien esprit d'économie a fait place à une véritable fureur de jouir. D'un autre côté, les banques ont employé toutes leurs disponibilités pour venir en aide à une industrie dont l'audace est déconcertante. Malgré tous les efforts tentés jusqu'ici, malgré les commissions énormes qui ont été promises, le papier allemand n'est pas admis à la cote des Bourses de Paris et de Londres. Que faire pour se procurer les ressources indispensables ? Eh bien, rien de plus simple. Des Allemands se sont glissés dans le personnel des banques anglaises et françaises ; par leur application et leur souplesse légendaires, ils sont arrivés à y occuper des postes importants. Bientôt on les a vus devenir directeurs, membres et présidents des conseils d'administration, et depuis ce moment l'or n'a cessé d'affluer à Francfort et à Berlin en opérations de reports, en suite d'acceptations d'effets de commerce. Le portefeuille des petits rentiers français a été subrepticement bourré de valeurs allemandes à gros rendement. Officiellement, la France et l'Angleterre ne prêtent pas d'argent à l'Allemagne ; de fait, elles lui en donnent à pleines mains. Saura-t-on jamais les sommes formidables qui étaient engagées à la Bourse de Berlin, quand la guerre a éclaté et est-il nécessaire de faire remarquer que rien n'en est revenu à Paris en temps utile ? Avec une suprême inconscience, les journaux pangermanistes avaient d'ailleurs annoncé, longtemps à l'avance, que cet argent serait de bonne prise en cas de conflit international.

C'est ainsi qu'avant de procéder à la conquête matérielle des pays voisins l'Allemagne essayait par son commerce de les asservir à sa politique d'expansion, comme, par ses touristes, elle tentait d'implanter partout la connaissance et la pratique de sa langue.

Elle a cependant trop découvert son jeu et voulu marcher trop vite. Voilà pourquoi l'Allemand est à cette heure universellement honni ; voilà pourquoi également toutes les nations se sont coalisées contre lui. Ses calculs trop savants ont été déjoués. Il pensait en finir d'abord avec la France et la Russie. Le tour de l'Angleterre serait venu dans quelques années. Heureusement que ses victimes prédestinées ont vu venir le danger, et qu'elles ont uni leurs forces pour en finir d'un seul coup avec l'ennemi commun.

SONT-ILS RICHES ?

La sensiblerie ne perd jamais ses droits
chez les Français. J'ai encore pu m'en
convaincre, ces jours derniers, au cours
d'une conversation que j'ai eue avec un
homme de haute intelligence et d'excellente compagnie : « Il faudra, me disait-il,
proportionner l'indemnité de guerre aux
ressources effectives du vaincu. Nous n'a-
vons pas le droit de ruiner complètement
les Allemands. On devra évidemment
nous payer les frais de la campagne ;
mais sera-t-il humain et juste de demander
davantage ? »

Vraiment ? mais d'abord qu'eussent
fait les Allemands, si le sort des armes leur
avait été favorable ? Je leur ai souvent
entendu dire : « La prochaine fois que nous

battrons les Français, nous exigerons d'eux le paiement d'une indemnité de 30 à 50 milliards ; car nous voulons qu'ils ne puissent plus se relever pendant un siècle de leur écrasement. » Et ceux qui parlaient de la sorte étaient des parlementaires importants. Je n'en finirais plus s'il me fallait citer les passages des brochures pangermanistes, où, d'avance, la France était démembrée, l'Allemagne annexant la Bourgogne et la vallée du Rhône, avec le port de Marseille, la Champagne avec ses vins, le Nord avec ses usines, la Normandie avec ses mines. Ces gens-là n'auraient montré aucune pitié. Et on les ménagerait !

Dans leur orgueil de parvenus, ils affirmaient d'ailleurs qu'ils étaient devenus le peuple le plus riche du monde. Au printemps dernier, quand furent connus les résultats de l'enquête faite dans tous les Etats confédérés pour le prélèvement de l'impôt de guerre, les économistes allemands prétendirent que dans l'Empire, il y avait une fortune mobilière et immobilière de 300 à 400 milliards. Quelques audacieux donnèrent même un chiffre plus élevé. Or, il s'agissait en l'espèce de la fortune libre de toute charge. Il y a donc une marge très grande pour la fixation du taux de l'indemnité de guerre.

Sans doute, la fortune publique aura, du fait même de la durée des hostilités et des ruines qui en seront la conséquence, subi une forte dépréciation ; mais ce qui en restera suffira encore largement pour les équitables exigences des vainqueurs. Si d'ailleurs les Allemands ont menti, en se disant si riches, qu'ils portent la conséquence de leur sotte vanité.

Et puis des gages existent, et ils sont considérables. Tous les chemins de fer sont étatisés en Allemagne. Leur valeur est estimée dans les budgets à 19 milliards de marcks, soit plus de 23 milliards de francs. La Prusse possède des mines de

charbon fiscales, dont le rendement est
très élevé. Les propriétés domaniales de
tous les Etats sont étendues. Du fait que
les dépenses militaires allemandes seront
à l'avenir énormément réduites (car je
suppose qu'on ne permettra pas à l'Empire vaincu et démembré de reformer
son armée au prix de nouveaux sacrifices
d'argent), les budgets des Etats retrouveront une souplesse suffisante pour permettre le paiement régulier de fortes
annuités.

Il est donc parfaitement ridicule de
s'apitoyer sur le sort de ceux qui voulaient établir définitivement leur domination sur le monde civilisé en ruinant
irrémédiablement les victimes de leur
barbarie.

Sur un point, les adversaires trop généreux de l'Allemagne ont raison. Après
une guerre malheureuse, les ruines seront
nombreuses de l'autre côté du Rhin ;
mais il s'agira surtout en cette occurrence

de ruines individuelles. L'Allemand est en affaires très audacieux. Contrairement à ce qui se passe en Angleterre et en France, la banque fait de la commandite en grand. Tous les dépôts des banquiers, ou à peu près, sont engagés dans des entreprises industrielles. C'est grâce à cette pratique téméraire que l'Allemagne a pu se couvrir de fabriques et a vu sa population, jadis en grande partie agricole, devenir presque en totalité ouvrière. Pendant la période ascendante, qui se prolongea jusque vers l'année 1895, il n'y eut que peu d'inconvénients à échafauder tant de grandes entreprises sur le crédit. Depuis que la saturation s'est produite, et que la conquête des marchés extérieurs s'est ralentie, sans qu'une sage réglementation de la production eût mis un frein aux habitudes expansives de l'industrie, de graves difficultés se sont accusées sur le marché de l'argent.

Non seulement les banques, mais encore

les caisses d'épargnes autonomes, dont les 17 milliards de dépôts sont aux deux tiers engagés dans des opérations de crédit commercial ou industriel, mais encore les nombreuses mutuelles (Raiffeisen et autres), dont les fonds servent tous à subvenir aux besoins des paysans, des artisans et du petit commerce, ne disposent plus d'aucune réserve liquide. Les Etats et les villes succombent sous les dettes qui ont été contractées pour doter chaque petite commune de tout le confort moderne.

L'Allemagne est le pays classique des crédits enchevêtrés. La même somme reparaît sous les formes les plus diverses dans les comptes de plusieurs établissements qui n'ont aucun lien entre eux. Ces châteaux de cartes s'écrouleront peut-être en partie à la suite d'une crise prolongée, d'autant plus qu'à part dans quelques maisons de premier ordre, il n'y a pas d'argent étranger. L'Allemagne a été contrainte d'absorber elle-même tout son papier et pourtant Dieu sait si elle en a émis des monceaux pendant le demi-siècle qui vient de s'écouler.

Ce sont là cependant des considérations purement accidentelles. Le fait brutal est le suivant : les Allemands comptaient ruiner la France en exigeant d'elle le paiement d'une indemnité énorme et en accaparant son industrie. S'ils perdent la partie, il ne sera que juste de leur imposer le même traitement. La générosité est quelquefois un capital qui rapporte de gros intérêts. Encore est-il pour cela nécessaire de la placer chez des gens qui la comprennent et l'apprécient. L'Allemand n'est pas de ces gens-là.

SONT-ILS UNIS?

On rencontre encore pas mal de gens qui escomptent les rivalités entre nationalités allemandes pour conclure de là que peut-être le moment viendra où le bloc unitaire montrera de larges fissures. C'est, pour l'instant du moins, une grave illusion.

Sans doute les Bavarois n'aiment pas les Prussiens et les Wurtembergeois ne s'entendent guère avec les habitants du grand duché de Bade. La Hesse est très jalouse de son autonomie, la population saxonne a ses mœurs et ses coutumes spéciales. On continue de peuple à peuple à se traiter en étrangers et quelquefois en étrangers peu sympathiques. A Munich le terme de *Saupreuss* (c... de Prus-

sien) est d'un usage courant. En général
l'Allemand du Nord est franchement détesté dans les Etats du Sud. En Prusse
même, le Brandebourgeois et le hobereau
de l'Elbe ne jouissent nullement des sympathies des Rhénans et ils sont également
redoutés par les habitants de Posnanie,
du Schleswig-Holstein, du Hanovre, voire
même par les Wendes et les Masures.

Et cependant ces oppositions de races
ne dépassent plus de beaucoup pour
l'heure celles qui séparent le Wallon du
Flamand en Belgique, l'Anglais de l'Ecos-
sais en Grande-Bretagne, le Napolitain
du Milanais en Italie. Bismarck eut une
idée de génie, quand résistant, en 1866,
a la pression des unitaristes, il donna
au nouvel Empire un caractère nettement
fédératif. Les Allemands des petits Etats,
qui tous étaient très attachés à leurs dynasties, gardèrent dans la Confédération
germanique l'illusion d'une certaine indépendance, **tout en jouissant de l'énorme**

avantage d'appartenir à un puissant organisme politique et économique. Ils purent s'imaginer qu'ils continuaient à vivre chacun chez soi sans que le voisin pût se mêler à ses affaires. Et c'est ainsi qu'ils en vinrent tous à aimer la grande patrie, parce qu'elle protégeait la petite. Ils restaient Bavarois, Badois, Wurtembergeois, Saxons, mais ils devenaient de plus Allemands. La nouvelle nationalité se superposait à l'ancienne. Elle ne la remplaçait pas ; mais lui donnait simplement plus d'éclat.

Posez à n'importe quel prisonnier la question suivante :

— A quelle nationalité appartenez-vous ?

Il vous répondra toujours :

— Je suis Hessois, Prussien, Hanovrien,

et jamais :

— Je suis Allemand.

La distinction des races a subsisté

malgré toutes les tentatives du pangermanisme militaire, mais elle ne va pas
jusqu'au séparatisme. Elle est d'ailleurs
justifiée par des antithèses ethniques que
le temps fera difficilement disparaître.
Le Prussien de l'Est, grand, maigre,
dont la poitrine est rentrée et la tête
allongée, n'est qu'un Slave germanisé.
Chez le Wurtembergeois, le Celte prédo-
mine, et ces caractères particuliers s'ac-
cusent avec plus ou moins de netteté dans
chaque Etat. Même différence dans l'accent et dans les innombrables provincia-
lismes dont les dialectes allemands four-
millent.

On pourrait encore relever les divers
degrés de civilisation auxquels les races
allemandes sont arrivées. Il n'y a aucune
analogie entre le Rhénan intelligent, mo-
queur, âpre au gain et le Brandebourgeois
lourd, épais, travaillant comme une bête
de somme et ne pensant qu'à remplir
son robuste estomac, entre le Bayuware

bon garçon, hilare, grand buveur de bière, artiste à ses heures, et le Badois fourbe, retors, mielleux vis-à-vis des forts, cruel pour les faibles, entre le Wurtembergeois très démocrate, et le Westphalien attaché à ses rois comme le lierre au chêne.

Et pourtant l'idée impérialiste a profondément pénétré tous ces peuples à tempéraments et à traditions contradictoires. En 1866, il n'y avait en Allemagne qu'une poussière d'Etats ; depuis 1871, la soudure est faite, et solidement. Le sang versé en commun a cimenté le bloc national. Chacun est persuadé que l'unité allemande a fait l'étonnante prospérité de tous.

L'Empire est maintenant comme une grande entreprise commerciale, où les associés ne s'aiment peut-être pas beaucoup les uns les autres, mais où chacun est convaincu que la maison serait ruinée et qu'il se ruinerait avec elle si d'aventure il en retirait ses capitaux. On se quérelle bien encore quelquefois en famille, mais dès qu'il s'agit de conquérir un nouveau marché, l'union se refait, et c'est de plein accord qu'on agit.

Ils ont donc tort ceux qui s'imaginent qu'au cours de la guerre actuelle, des dissentiments pourraient se produire entre les nationalités allemandes. Si rivalité il y a, elle s'affirmera seulement dans la volonté de se dépasser les uns les autres en courage et en endurance. Je fais évidemment abstraction des groupes non encore assimilés comme ceux des Polonais, des Danois et des Alsaciens-Lorrains, qui, eux, ne se battent que parce qu'ils y sont contraints.

Le problème se posera, il est vrai, de tout autre manière au lendemain de la défaite. Le jour où la Prusse, diminuée de quelques provinces et ruinée par la guerre, ne sera plus en état d'imposer sa domination et d'assurer en échange une protection efficace aux populations du Sud, toutes les vieilles rivalités, disons mieux, les vieilles rancunes, reparaîtront. L'Allemagne n'est unie que parce qu'elle est forte. Dès que sa puissance sera brisée, elle se disloquera d'elle-même, et le Sud, après quelques hésitations, ne tardera pas à manifester sa profonde satisfaction d'être débarrassé de la tyrannie des gens du Nord. L'adaptation à la situation nouvelle se fera, j'en ai la conviction, avec une rapidité surprenante. Le Prussien ne sait pas, en effet, assimiler les races qu'il conquiert. Dur, hautain, prétentieux, il ne réussit pas à se faire aimer. Bismarck déjà le constatait avec une certaine mauvaise humeur. La coupure entre la Prusse et les autres Etats allemands s'opérera donc sans douleur. Encore faut-il pour que ce résultat soit obtenu, que la victoire abandonne les aigles de Guillaume II. Espérons que cela ne se fera pas attendre.

SONT-ILS SINCÈRES ?

Non ! et ils ne l'ont jamais été. Les Prussiens ont essayé de tromper tout le monde, les Etats confédérés, leurs alliés, leurs rivaux.

Depuis quarante-quatre ans, les Hohenzollern n'ont, à l'intérieur de l'Empire, qu'une préoccupation : supprimer les libertés que la Constitution de 1871 a garanties aux autres nationalités germaniques. Dans cette œuvre d'absorption, ils sont puissamment aidés et par les hobereaux de l'Est et par les industriels du Rhin et par les socialistes qui, sous prétexte d'unitarisme, cherchent partout à faire disparaître l'attachement que les Sudistes gardent à leurs dynasties particulières.

Que dire de la politique prussienne dans les provinces polonaises et danoises ? Que de fois, quand leurs voix étaient nécessaires pour déplacer la majorité au Landtag, le gouvernement n'a-t-il pas fait les plus engageantes promesses aux députés de la Posnanie. Et puis qu'est-il advenu de ces engagements solennels ? Plus de 700 millions ont été dilapidés pour la « colonisation » de la Pologne par des paysans allemands. Le Parlement a voté cette loi d'expropriation pour cause d'intérêt national, qui sera sa honte éternelle. Les Polonais ont été dépouillés, pillés, frappés, uniquement parce qu'ils voulaient continuer à parler leur langue, à pratiquer leur religion, à rester fidèles à leurs traditions.

Même politique dans le Schleswig-Holstein et en Alsace-Lorraine. Partout, le Prussien promet d'abord monts et merveilles et se révèle ensuite brutal persécuteur. Toute sincérité est absente de ses pratiques gouvernementales. A l'en croire, il a le respect de tout ce qui est juste et légal. En réalité, il poursuit âprement et sans se laisser arrêter par aucun scrupule d'honnêteté, son rêve de domination universelle, même vis-à-vis de ceux qui l'ont aidé à le réaliser en partie.

Prenons maintenant la Prusse dans ses rapports avec l'étranger. Bismarck était un utilitaire sans conscience. C'est lui qui, au grand scandale des Autrichiens, avait conclu avec la Russie ce traité secret de contre-assurance que Guillaume II, encore jeune et naïf, déchira comme contraire aux bonnes mœurs. Le chancelier de fer ne devait pas moins faire école, et son impérial censeur ne tarda pas à devenir son imitateur servile.

Officiellement, l'Allemagne est l'alliée de la monarchie dualiste. Or elle n'a pas cessé de soutenir et de ses encouragements officieux et de son argent le mouvement pangermaniste de Vienne. Là-bas, sur les bords du Danube bleu, existe, prospère, et s'étale largement, au grand jour, un parti allemand, dont M. de Schœnerer fut le chef, qui trouve l'appui des Universités (élèves et professeurs) et qui ouvertement revendique l'annexion de l'Autriche à la plus grande Allemagne. Dans les rues de la capitale du Habsbourg, on chante le *Deutchland uber alles* et le *Heil dir im Siegerkranz*, on acclame le Hohenzollern, on pratique la haute-trahison à ciel ouvert. Les journaux pangermanistes de Berlin, de Hambourg, d'Essen et de Dresde écrivent tous les jours que la monarchie austro-hongroise est pourrie de slavisme, et qu'il est grand temps de mettre un terme à la servitude des Allemands d'Autriche tyrannisés par les Tchèques, les Croates et les Slovènes. Voilà la sincérité des Prussiens, dont le souverain ne tend une main au vieil allié de la Hofburg que pour mieux pouvoir l'étrangler de l'autre.

Et l'Italie donc ! Quels cris de triomphe ne poussa pas la presse allemande quand Bismarck et Crispi signèrent le traité d'alliance entre leurs deux pays ! Dès le lendemain, cependant, la Prusse essayait de mettre sa lourde main sur tous les trésors intellectuels et matériels de sa protégée... Les universités, les banques italiennes, ont été lentement, mais sûrement annexées. Allez visiter les lacs de Côme et de Garde. Des colonies allemandes se sont installées en maîtresses dans ces sites enchanteurs et en ont complètement refoulé l'élément indigène. Le Prussien ne parle d'ailleurs qu'avec un souverain mépris des « canailles de la Triple-Alliance ». Quand les Italiens ont été battus, à Adoua, on a presque illuminé à Berlin, tant on était heureux de voir s'ouvrir pour l'Allemagne une profitable succession coloniale. Plus tard, quand l'Angleterre et la France laissèrent les Italiens s'établir en Tripolitaine, la presse alle-

mande, depuis la *Gazette de Francfort*
jusqu'au *Vorwaerts*, les traita de voleurs
de grands chemins, de pillards, de pirates.
De quel droit ces naufrageurs s'avisaient-
ils de brouiller leurs alliés avec la Turquie ?
Voilà la sincérité de la Prusse vis-à-vis
de la puissance qui, malgré ses sympathies pour ses sœurs latines, avait consenti à devenir la caudataire des Hohenzollern.

Comment les Germains se sont-ils comportés avec leurs rivaux ? Au moment
où toutes les énergies de l'Allemagne
militaire étaient tendues vers l'écrasement
de la France, Guillaume II multipliait ses
prévenances, ses amicales coquetteries à
l'adresse de la République. Ce grand his-
trion, dont la naïveté égale l'inégalité
d'humeur, pensait par quelques sourires
endormir la vigilance de ceux qu'il voulait écraser : « Oubliez l'Alsace-Lorraine,
renoncez à l'alliance qui vous lie, vous les
démocrates convaincus, à l'autocrate du

Nord, et nous deviendrons les meilleurs des amis ».

A la même heure le Hohenzollern allait rendre visite à son cher cousin de Saint-Pétersbourg et dans les entretiens mystérieux qu'il avait avec Nicolas II, il montrait au souverain russe le danger que présentait pour l'avenir de sa couronne le rapprochement avec la France républicaine.

Mêmes oppositions dans la presse allemande, cette presse servile qui accepte sans le discuter le mot d'ordre donné journellement par les agents de la Wilhelmstrasse. Les *Hamburger Nachrichten* ne cessaient de glorifier la Russie tandis que la *Frankfurter Zeitung* et le *Berliner Tagblatt* accablaient le slavisme rétrograde de leurs critiques et de leurs sarcasmes. A tout prix il fallait brouiller le tsar et la République. Et pour arriver à ce but la cavalerie de Saint-Georges donnait à fond chez les deux alliés. Et les innom-

brables Allemands qui les avaient sub-
mergés tiraillaient dans les tranchées des
rédactions, des banques et même des brasseries. Ah ! qu'il était donc sincère cet
excellent Guillaume quand il souriait
à Marianne et quand il essayait de ter-
roriser son « cher frère » Nicolas !

Vis-à-vis de l'Angleterre, même jeu,
que de fois n'avons-nous pas lu, dans tous
les journaux allemands, les éloges les
plus dithyrambiques sur la nation an-
glo-saxonne, dans les veines de laquelle
coulait le plus pur sang germanique.
Quelle couronne de laurier la même presse
ne tressa-t-elle pas au ministère libéral
de Londres ! Quelles larmes elle versa sur
la brouille personnelle d'Edouard VII et
de son impérial neveu ! Et comme elle se
réjouit bruyamment quand les deux sou-
verains se réconcilièrent sous les banderoles
de papier multicolore qui garnissaient
à profusion les arbres de l'allée des Til-
leuls.

Mais, tandis qu'avaient lieu ces effusions amicales, l'empereur Guillaume proclamait que « l'avenir de l'Allemagne était sur l'eau », le prince de Bulow, pour obtenir le vote du programme naval, déclarait dans une séance secrète de la commission du budget du Reichstag, que la guerre avec le Royaume-Uni était dans l'ordre des probabilités prochaines, le commerce allemand faisait une concurrence acharnée aux exportateurs anglais, l'Allemagne essayait de profiter de l'incident de Fachoda pour créer une coalition antianglaise sur le continent, elle encourageait la révolte dans la colonie du Cap, elle s'installait en maîtresse dans l'Asie Mineure et par la ligne de Bagdad tentait de mettre la main sur les Indes, elle prenait pied en Chine, elle couvrait la Méditerranée de ses paquebots et y entretenait une escadre.

Supprimer les nationalités dans l'empire, asservir ses alliés, battre ses adversaires

un à un après les avoir excités les uns contre
les autres et, pour arriver à ce résultat,
mentir sans relâche et tromper tout le
monde, voilà quel était le but de la Prusse,
tels étaient les moyens qu'elle employait
pour y parvenir. Heureusement que ses
malices étaient cousues de fil blanc. Le
Prussien est trop sot et trop prétentieux
pour cacher son jeu. Il n'est arrivé qu'à
décourager successivement tous ceux qui
d'abord lui avaient fait crédit de leur confiance et c'est ainsi qu'à cette heure tout
l'univers s'est coalisé contre la race mal-
faisante, qui toujours manqua de sincérité.

LA MANIÈRE PRUSSIENNE

Bismarck constatait déjà, non sans orgueil — car ce grand éducateur de l'âme allemande moderne était fier même des haines qu'il suscitait, — que le Germain était universellement détesté. Et cela est vrai aujourd'hui comme ce l'était il y a un demi-siècle.

On s'étonne à cette heure des cruautés et des mensonges de cette nation de bandits. Mais que faisait-elle donc hier ? Comment traitait-elle les nationalités que ses victoires passées avaient livrées à son bon plaisir ?

Faisons une rapide récapitulation. Et d'abord, comment les Polonais, annexés à la Prusse depuis plus d'un siècle, ont-ils été traités par le gouvernement de Berlin ?

On leur a défendu de parler leur langue, toutes leurs écoles ont été brutalement germanisées, les enfants qui refusaient de prier en allemand ont été battus jusqu'au sang. A partir de 1886, la Prusse a inauguré cette politique de colonisation intérieure qui, à coups de millions (700 millions de marks ont été dépensés à cet effet), devait mettre la terre polonaise à la disposition de paysans allemands. Quand les Polonais, grâce à la création de puissantes banques agraires, arrivèrent à déjouer les manœuvres de leurs ennemis, M. de Bulow, ce diplomate barbare sous les dehors du galant homme, fit voter par le parlement prussien les deux lois de 1904 et de 1908 qui sont les plus abominables violations du droit des gens. La première exigeait l'agrément des autorités administratives pour la construction d'habitations dans la province de

Posen. Grâce à elle, on devait empêcher les Polonais, acheteurs du sol, d'établir des fermes sur leurs terres. La seconde loi était encore plus odieuse. Elle prévoyait l'expropriation, non plus seulement pour cause d'utilité publique, mais en raison de la nationalité du détenteur du sol. Or, le Polonais est, devant la loi constitutionnelle, un citoyen prussien comme le Silésien et le Brandebourgeois. On le mettait donc en dehors du droit commun uniquement à cause de ses origines ethniques.

Voilà le régime extra-légal auquel la Prusse a soumis arbitrairement un peuple, qui, avant 1886, avait donné les preuves les plus sérieuses de son loyalisme et dont les représentants au Reichstag sauvèrent la première loi navale en 1893.

Les hakatistes (parti pangermaniste de Posnanie) ne cessaient, d'ailleurs, de se livrer aux plus honteuses délations vis-à-vis des Polonais et d'exiger

qu'on les traitât avec une rigueur gran-
dissante.

Mêmes violences dans le Slesvig, où
l'interprétation changeante du traité de
1864 a permis à la Prusse de soumettre
les Danois de cette province aux pires
tortures. Là encore, la langue du pays
est d'abord proscrite de l'école, puis de
l'église. Tantôt le gouvernement reconnaît
la valeur de l'option, tantôt il la nie.
Suivant les circonstances, il expulse les
« sans patrie » qu'il a créés artificiellement,
ou incorpore leurs enfants dans l'armée
prusienne. Les Danois de Prusse ne savent
plus à quelle nationalité ils appartiennent,
puisqu'on les traite alternativement, et
sans qu'ils sachent pourquoi, tantôt en
nationaux soumis à toute la sévérité des
lois du pays, et tantôt en étrangers indé-
sirables. Et là encore leurs persécuteurs
inaugurent cette politique agraire sauvage, qui doit déposséder du sol ses pro-

priétaires indigènes pour les remplacer
par des colons allemands. La lutte contre
la culture et les traditions locales est me-
née avec une fureur destructive dont il est
difficile d'apprécier la barbarie à distance.
C'est ainsi que les parents voient pronon-
cer contre eux la déchéance paternelle
quand ils envoient leurs enfants dans des
écoles danoises. C'est toujours le même
procédé : écraser les faibles et, si cela est
nécessaire, les anéantir pour que le germanisme tyrannique puisse plus largement s'étaler.

Les Alsaciens-Lorrains en savent quelque chose, eux qui, depuis quarante-quatre ans, souffrent sous la botte du vainqueur de la France : trente années de
dictature, pendant lesquelles le statthalter pouvait expulser les citoyens du
pays, ordonner des perquisitions et des
arrestations arbitraires, supprimer les journaux, dissoudre les associations, procla-

mer l'état de siège ; régime des passeports,
qui éleva une muraille chinoise autour des
deux provinces annexées ; interdiction
de l'enseignement du français ; défense
de mettre des enseignes et des inscriptions françaises sur les devantures et
même sur les croix des cimetières ; exclusion systématique des indigènes de toutes
les fonctions publiques importantes ; listes noires de suspects ; rapports de police ;
surveillance constante, espionnage de tous
les moments ; permis de séjour refusés
aux émigrants ; accaparement de toutes
les richesses minières et industrielles du
pays par les Allemands, voilà ce que fut
le régime qu'on imposa aux « frères reconquis ».

Si la Prusse a infligé ce traitement à
ses annexés, est-il surprenant de la voir
semer la mort et la ruine dans les pays
ennemis qu'elle occupe maintenant ? Non,
car elle reste simplement fidèle à ses traditions de barbarie native. L'Allemand,

à la fois hautain et servile, n'a de respect que pour la force. Où qu'il la détienne, il en abuse ; car pour lui elle est le but et non le moyen. Il est brutal par instinct et aime à faire souffrir pour le simple plaisir de prouver qu'il est le maître, comme il s'aplatit presque avec délices quand il trouve plus puissant que lui. « Nature de laquais », c'est bien cela, et les pangermanistes ont trouvé là le mot le plus heureux pour stigmatiser la mentalité de ces êtres bas et incomplets auxquels tous les sentiments nobles et élevés restent étrangers.

Le sort des Polonais, des Danois et des Alsaciens-Lorrains était réservé encore à d'autres nationalités. Les Allemands reconnaissent maintenant que si la guerre actuelle leur avait été favorable, ils auraient annexé le nord de la France et la vallée du Rhône, la Belgique et la Pologne russe, sans compter les colonies françaises et anglaises. Qu'eussent-ils fait de tous ces territoires, si le succès avait encore enflé leur orgueil de race déjà démesuré ? Et quels nouveaux passe-droits n'eussent-ils pas imaginés pour réduire en complète servitude les populations qui leur auraient été livrées sans défense ? Un de leurs journaux n'a-t-il pas annoncé, ces jours derniers, que, dans les nouvelles provinces allemandes, on aurait procédé à des transplantations en masse de leurs habitants, pour arriver à une germanisation plus rapide ?

Voilà pourquoi il est nécessaire d'en finir d'un seul coup avec la puissance germanique. Si on épargne l'empire allemand, si on lui accorde une paix honorable après sa défaite, tout sera, dans dix ans, à recommencer. Ces gens-là ne renonceront jamais à leur rêve de domination universelle, à moins qu'on ne paralyse définitivement leur action. Ce sont d'incurables mégalomanes, les maniaques de la force brutale, les virtuoses de la barbarie. Le monde ne retrouvera la paix dans le respect du droit que le jour où la Prusse n'existera plus ou sera redevenue la pauvre et impuissante principauté de Brandebourg.

AVANT LA LETTRE

Les Allemands sont des maîtres dans
l'art de déplacer les responsabilités. Nous
avons pu nous en rendre compte en Alsace-Lorraine, lorsque, après la création du
parti nationaliste, c'est-à-dire du parti
qui devait grouper les indigènes de toutes
les autres organisations politiques pour
faire face en commun au gouvernement
et aux émigrés persécuteurs, les Allemands
résidant dans le pays eurent la tranquille
audace d'écrire dans les journaux d'Outre-
Rhin qu'ils étaient dans les provinces
annexées, les innocentes victimes de la
plus effroyable des coalitions. Ils nous
avaient placés, délibérément, pendant quarante années, en dehors du droit des gens,
et parce que nous nous avisions enfin de
nous défendre contre leurs entreprises,

ils renversaient effrontément les rôles et nous représentaient comme d'odieux accapareurs.

Nous allons assister au même spectacle, durant les semaines qui vont suivre la défaite des armées du Kaiser. Les mêmes hommes, qui avaient, il y a encore quelques jours, la menace à la bouche, dont la vantardise faisait retentir les échos de tous les pays neutres de ses éclats, qui parlaient d'annexer toutes les colonies anglaises à l'Empire et de « saigner la France à blanc » en lui demandant une indemnité de quarante milliards, les barbares qui incendiaient Louvain, pillaient les châteaux du Nord et bombardaient la cathédrale de Reims, les brutes qui massacraient des femmes et des enfants — vont devenir de pauvres êtres pleurnichards, qui par leurs larmes et leurs supplications, essaieront d'attendrir les vainqueurs.

Je les connais trop bien, ces hommes

impertinents dans le succès et lâches dans
la défaite, pour ne pas pouvoir d'avance
écrire l'article qui, bientôt, paraîtra dans
les journaux pangermanistes. A titre de
curiosité, le voici. Quand il aura paru à
Berlin, mes lecteurs pourront s'amuser
à faire une intéressante comparaison :

« Le sort des armes nous a été contraire.
« Pouvait-il en être autrement ? La valeur
« allemande n'a succombé que sous la
« plus formidable coalition qu'on ait ja-
« mais vue. Non seulement toutes les
« grandes puissances européennes se sont
« jetées sur nous, mais on a mobilisé
« contre notre armée jusqu'alors invin-
« cible les sauvages des cinq parties du
« monde : Sénégalais et Marocains, Japo-
« nais et Cipayes, Cosaques, Canadiens
« et Australiens. Il y avait dans les rangs
« de nos ennemis des noirs et des jaunes,
« des mulâtres et des quarterons.
« Et puis, l'Autriche-Hongrie n'a pas

« su jouer auprès de nous son rôle de
« brillant second ». Rongée par le slavis-
« me, elle avait une armée sans cohésion,
« sans commandement, sans armement
« moderne.

    « Aucune digue allemande n'était assez
« forte dès lors pour résister à la formida-
« ble inondation qui s'est opérée sur toutes
« nos frontières. Nous sommes battus ;
« mais l'honneur est sauf.

    « Et maintenant, il est temps de faire
« un retour en arrière. Cette guerre désas-
« treuse, nous n'en avons pas voulu.
« Elle nous a été imposée par des ennemis,
« qui depuis longtemps nous guettaient.
« La France ne pouvait pas oublier la
« défaite que nous lui avions infligée
« à Sedan. Et pourtant que d'avances
« nous lui avions faites au cours des der-
« nières années ! Comme nous aurions
« été heureux de sacrifier toutes nos autres
« alliances pour nous assurer la sienne !
« Ne lui avions-nous pas encore tout ré-

« cemment donné généreusement le Ma-
« roc, alors que nous avions sur cette
« riche colonie les droits les plus incontes-
« tables ? Hélas, la France devait repous-
« ser toujours les honnêtes offres de colla-
« boration, que nous multipliions pour
« calmer ses rancunes.

« Et la Russie donc ! Quelle ingrate !
« Il nous eût été si facile de l'accabler
« après la guerre japonaise ! Nous sommes
« cependant restés obstinément fidèles
« aux recommandations que Guillaume Ier
« et Bismarck nous avaient faites de ne
« jamais nous brouiller avec l'empire mos-
« covite.

« Que dire de l'Angleterre qui, malgré
« nos constantes sollicitations, a oublié
« sa parenté de race avec nous, et de cette
« Italie que notre alliance protégea si
« longtemps contre les ambitions de ses
« voisins de France et d'Autriche !

« Partout et toujours, nous avons été
« les victimes de notre trop grande bonté.

« Nous n'avons pas écrasé l'Angleterre
« après Fachoda, la France avant Algé-
« siras, la Russie pendant la guerre de
« Mandchourie. Pour nous récompenser
« de cette longanimité, les trois pays se
« sont unis pour nous détruire.

« Leurs intentions nous étaient connues.
« Pourquoi la France avait-elle rétabli
« le service de trois ans ? Pourquoi la
« Russie avait-elle réformé son armée ?
« Pourquoi l'Angleterre maintenait-elle
« contre nous le principe des deux pavil-
« lons ? C'est en 1917 que les alliés de-
« vaient atteindre le maximum de leur
« puissance militaire. Devions-nous at-
« tendre qu'ils fussent entièrement prêts ?
« Et pourtant nous nous y serions résignés
« si des événements imprévus n'avaient
« précipité la crise.

« Comment la guerre s'est-elle produite?
« L'Autriche s'est obstinée à vouloir écra-
« ser la Serbie. Nous avons essayé de la
« retenir, comme nous l'avions déjà fait

« l'année dernière. Hélas ! cette fois nos
« conseils de modération n'ont pas été
« suivis. Pouvions-nous dès lors manquer
« à la foi de nos engagements ? Liés par
« notre alliance, nous avons dû marcher.
« Nous risquions notre existence ; mais
« nous ne voulions pas perdre notre hon-
« neur.

« Maintenant le mal est fait. Nos bril-
« lantes armées ont succombé sous le
« nombre. Prolonger plus longtemps ces
« affreux carnages ? non, l'humanité nous
« le défend. Que de morts ! Que de ruines
« déjà ! Faut-il les augmenter encore ?
« Faut-il que le marché mondial soit en-
« tièrement paralysé ? Que tous les pro-
« grès de notre civilisation moderne soient
« détruits ?

« Victimes d'un guet-apens, nous faisons
« néanmoins appel à la générosité du vain-
« queur. L'Allemagne, chacun le recon-
« naîtra, a largement contribué à augmen-
« ter le trésor intellectuel de l'humanité.

« Il serait injuste, criminel, d'éteindre ce
« flambeau qui, à côté des autres, illu-
« minait le monde.

« Sans doute, il y avait chez nous quel-
« ques inconscients qui rêvaient d'imposer
« aux autres nations l'hégémonie prus-
« sienne, mais le pays des penseurs et des
« philosophes doit-il être rendu respon-
« sable de ces folles convoitises ? Le pan-
« germanisme a toujours été publique-
« ment renié par les hommes d'Etat de
« l'empire, qui, tout en subissant parfois
« ses impérieuses injonctions, essayaient
« néanmoins de s'affranchir de sa domina-
« tion encombrante et dangereuse. Tout
« un peuple de modestes travailleurs de-
« vra-t-il expier les excitations de quel-
« ques déséquilibrés ?

« Non ! les alliés seront trop conscients
« de leurs lourdes responsabilités pour
« exiger le complet écrasement de l'Alle-
« magne. Nous renonçons à nos ambitions ;
« mais qu'on nous laisse vivre.

« Assez de sang versé ! Nous recon-
« naissons notre défaite, bien qu'il en
« coûte à notre orgueil national. Cela
« devrait suffire à un vainqueur généreux.
« Des satisfactions légitimes seront ac-
« cordées à ceux qui nous ont fait sentir
« tout le poids de leur puissance, mais
« l'heure est venue de mettre fin à d'inu-
« tiles ravages. Nous demandons la paix,
« une paix honorable, comme celle qu'on
« accorde à ceux qui ont su croiser le fer
« loyalement avec un adversaire qu'ils
« estimaient. Mettons bas les armes et
« discutons avec la ferme volonté d'abou-
« tir à un traité qui tiendra compte de
« tous les intérêts.

« Alors, l'Europe débarrassée d'un af-
« freux cauchemar, pourra reprendre sa
« tâche civilisatrice et l'Allemagne, régé-
« nérée par l'épreuve, occupera à nouveau
« sa place dans les luttes pacifiques du
« progrès. Malgré ses malheurs imméri-
« tés, elle a droit à l'existence et elle saura,

« par sa collaboration inlassable au bien
« général, effacer les souvenirs doulou-
« reux des dernières semaines, comme elle
« oubliera elle-même les torts si graves
« de ceux qui, méconnaissant ses bonnes
« intentions, avaient d'abord pensé à la
« rayer de la carte du monde. »

Voilà ce qu'on lira dans les journaux
allemands. Et il y aura, soyez-en assurés,
de bonnes âmes pour se laisser prendre à
ces jérémiades et pour s'écrier : Tout de
même, ces Teutons ne sont pas aussi
mauvais qu'on le prétendait !

Et dans dix ans, quand l'Allemagne
se sera refaite, les pangermanistes repren-
dront leur agitation et de nouveau la
France, peut-être alors isolée, devra subir
la barbare invasion, et le Germain qui lui,
ne pardonne pas, mettra sa botte victorieuse sur la civilisation latine.

« Oignez vilain, il vous poindra ;
Poignez vilain, il vous oindra. »

L'INTERMINABLE BATAILLE

Une bataille de 60 jours et qui n'est
pas encore près de finir, quel formidable
record.

Les stratèges en chambre, ceux qui
gagnent des victoires en déplaçant quelques petits drapeaux sur une carte d'état-
major n'y comprennent plus rien et ils
ne sont pas éloignés d'accuser les généraux
d'incapacité et les soldats de manque
d'endurance.

Ces braves gens oublient que pour se
battre, comme pour se marier, il faut
être deux. Ils connaissent les qualités
traditionnelles du troupier français et
l'excellence de son matériel de guerre,
mais ils n'ont pas la première idée de ce
que l'Allemagne a fait au cours des qua-

rante-quatre dernières années pour préparer méthodiquement cette guerre qu'elle espérait et voulait très courte.

L'Allemagne unifiée n'a poursuivi que deux rêves pendant ce demi-siècle : développer son outillage industriel et commercial et créer une armée, qui devait lui permettre, le moment venu, de supprimer la concurrence sur le marché mondial. Comme, à y regarder de près, les deux rêves n'en faisaient qu'un, il n'est pas surprenant que les intellectuels et les hommes d'affaires aient prêté aide et assistance au parti militaire pour transformer l'Empire en un immense camp retranché et que l'idée impérialiste ait pénétré les masses les plus profondes de la population.

Les socialistes allemands eux-mêmes n'ont jamais fait opposition au principe du militarisme, tout au plus proposèrent-ils des modalités nouvelles, qui, dans leur pensée, devaient encore accroître la force

expansive du pays. Encore le peuple ne
leur pardonnait-il pas ces fantaisies. En
effet, toutes les fois que le Reichstag fut
dissous pour refus de crédits militaires,
l'extrême-gauche fut décimée.

Toutes les énergies de la nation ont donc
été concentrées sur la création d'une armée qui pût permettre de mener la guerre
« sur deux fronts ». On n'avait, en effet,
à Berlin, qu'une confiance très limitée
dans l'Autriche, que ses divisions intérieures devaient paralyser. Quant à l'Italie,
les Allemands s'en méfiaient de vieille
date. Couramment au Reichstag on trai-
tait les péninsulaires de *Dreibundshal-
lunken*, de « canailles de la Triple-Alliance ». Chacun de nous a encore dans la
mémoire l'explosion de haines violentes
et de basses injures que l'expédition de
la Tripolitaine provoqua dans la presse
allemande. De quel droit les « bandits de
grand chemin », les « pouilleux » de Rome
se permettaient-ils de troubler la paix

de l'Europe et surtout de brouiller leurs amis avec les Turcs, ces soldats de l'Empire germanique en Orient ?

Les feuilles pangermanistes ne se gênaient pas plus de parler journellement de la pourriture slave de l'Empire du Habsbourg que de la décadence latine du royaume de Savoie. Elles consentaient à ce que ces vassaux fissent leur devoir en cas de conflit européen, mais elles avaient déjà la menace des annexions prochaines à la bouche. Tout au plus les neuf millions d'Allemands de l'Autriche-Hongrie trouvaient-ils grâce devant leurs yeux.

L'Allemagne militaire ne comptait donc que sur elle-même. De là le monstrueux effort, qui lui permit de réaliser le problème de la nation en armes.

Grâce aux trois dernières lois militaires elle était arrivée enfin à utiliser toutes les réserves en hommes valides dont elle pouvait disposer. Les cadres nécessaires à cette armée avaient été préparés de longue main. Le Parlement avait voté, sans compter, tous les crédits qu'on lui demandait. Il en avait même voté davantage.

Parfaitement !

En voulez-vous la preuve ? Quand, il y a quelques années, on crut devoir procéder à la refonte du matériel de campagne de l'artillerie, le chancelier fit venir les chefs de groupes du Reichstag et il leur exposa la nécessité d'engager une dépense de 400 millions de marks, sans que l'étranger fût mis au courant de sa destination. On convint donc de passer cette somme considérable « au bleu ». Et de fait les budgets suivants furent truqués de telle manière, que personne ne soupçonna les projets de l'état-major jusqu'au jour où tous les régiments d'artillerie furent pourvus de leurs nouveaux canons.

Au Reichstag on ignorait encore, quand la guerre actuelle éclata, l'existence des pièces de 420. Au printemps dernier l'amiral Tirpitz se plaignit amèrement de ce que, grâce à de déplorables indiscrétions, les Anglais eussent eu connaissance de la fabrication des pièces de marine de 380, qui avait été entourée pourtant du plus grand mystère.

La guerre a donc été industrialisée par l'Allemagne, et cela de pleine complicité avec les représentants de l'industrie et du commerce, avec les parlements, avec le peuple tout entier.

Jamais une nation n'avait ainsi concentré toutes ses ressources intellectuelles et matérielles pour forger le plus merveilleux instrument de conquête. Toutes les inventions modernes se traduisaient immédiatement de l'autre côté du Rhin en engins de guerre. Les services auxiliaires de l'armée étaient organisés avec une méthode surprenante. Il semblait que tout fût prévu pour surprendre et écraser l'ennemi.

Le plan d'action lui-même avait été arrêté minutieusement et il semblait qu'il dût infailliblement réussir. Grâce à un réseau ferré incomparable et qui avait été construit spécialement dans ce but, l'armée allemande pouvait être portée toute entière sur la frontière française, pendant que la Russie procédait à sa lente et pénible mobilisation. Puis la France vaincue, et elle la serait, pensait-on, rapidement, l'armée victorieuse devait se retourner contre les Cosaques dont elle ne ferait qu'une bouchée.

Que reste-t-il à cette heure de ce plan si savamment combiné ? L'Allemagne n'avait pas compté avec le réveil du patriotisme en France ? Elle ignorait toutes les énergies qui sommeillaient dans la race « dégénérée ». Quelle ne fut pas sa surprise quand, le long de la Marne, elle se trouva en face d'une armée compacte, décidée, manœuvrant avec un art consommé et déployant des qualités de courage et d'endurance égales et supérieures à celles de ses propres troupes. Et quelle ne fut pas sa honte et son désespoir lorsque devant cette barrière solide il fallut reculer et perdre de la sorte l'avance qui seule pouvait assurer le triomphe définitif.

Ah ! il faut connaître par le menu l'effrayante organisation militaire allemande, l'entraînement constant des contingents de l'armée du Kaiser, les dépenses énormes engagées pour son outillage, l'éducation intensive du patriotisme des masses, pour se rendre compte de l'extraordinaire succès des troupes françaises. Nous autres, Alsaciens-Lorrains, qui avions vu de près tous les formidables préparatifs de guerre de l'Allemagne, qui savions et combien ses bataillons étaient nombreux et combien rigide était leur discipline, nous étions torturés par le doute le plus angoissant, et nous ne les trouvons pas longues, ces interminables batailles ; mais c'est l'âme extasiée, que nous assistons à la lente, mais sûre décomposition de ceux que nous croyions invincibles.

Qu'ils sont donc héroïques ces braves petits troupiers, qui viennent à bout, à force de patience, de la bête monstrueuse et comme nous les aimons pour les avoir vu mettre fin au plus abominable des cauchemars.

L'AVENIR NOUS APPARTIENT

Eh bien ! non ! elles ne sont pas invincibles les troupes allemandes. Il y a dans la suffisance avec laquelle l'état-major de Berlin a procédé, au cours des dernières années, énormément de battage.

Le Prussien est avant tout un mercanti. Il vante sa marchandise inlassablement. Il envahit toutes les places grâce à une formidable réclame. Il n'y en a plus que pour la science allemande, l' « art » allemand, les produits industriels allemands. Même la « vertu » allemande est devenue un article d'exportation. Ceux-là le savent qui fréquentent les lieux de plaisir.

Or là-bas, sur les bords de la Sprée, la guerre est, elle aussi, une industrie et un commerce. Krupp aspirait à deve-

nir, et il était devenu, de fait, le fournis-
seur de canons de la plupart des Etats
grands et petits, comme le kaiser s'effor-
çait d'imposer ses officiers instructeurs
aux armées étrangères, commis-voyageurs
d'un nouveau genre, qui allaient vanter
au loin et l'excellence des méthodes et
l'incomparable valeur des produits allemands.

Il s'est trouvé que ces canons ne valaient
pas grand chose et les méthodes rien du
tout. La Turquie en sait quelque chose,
elle, qui, pourtant, avait obtenu qu'on
lui envoyât le camelot le plus disert du
ministère de la guerre prussien, ce ma-
réchal von der Goltz, dont la renommée
était mondiale... avant qu'elle eût subi
l'épreuve de l'expérience.

Les Allemands n'ont jamais rien in-
venté, pas plus dans l'industrie guerrière
que dans les autres. Les sous-marins,
la poudre sans fumée, les mitrailleuses,
les canons à tir rapide, les aéroplanes,

autant de découvertes françaises, que l'Allemagne a servilement et souvent très mal copiées. Seulement voilà, les mercantis teutons savent fort bien exploiter les idées, que le génie latin a semées sans pouvoir les transformer en argent comptant. Ils chapardent les inventions des autres et les démarquent en y mettant leur estampille, quittes ensuite à servir à leurs clients la camelote qui, à bon droit, porte leur nom.

Si les Allemands sont si forts, comment se fait-il donc que leur pièce de campagne, avec son frein à ressorts en boudin, manque absolument de stabilité ? Comment se fait-il qu'un si grand nombre de leurs obus n'éclate pas ou éclate mal ? Sans doute, ils ont compris que l'artillerie lourde jouerait un rôle considérable dans la prochaine guerre et leurs obusiers de 105 leur donnent un certain avantage. Mais là encore, si les pièces sont nombreuses, leur effet est relativement médiocre,

car l'obus éclate en gerbe et ses ravages
sont peu considérables.

Les succès momentanés de l'armée allemande sont tous, jusqu'à présent, dus
à la supériorité numérique. Elle procède
toujours par masses, sans se soucier des
pertes énormes qui en résultent. L'état-
major avait arrêté depuis des années
un plan qu'il exécute avec méthode et
obstination. Il veut faire la trouée sur
Paris. Il jette donc des hommes et encore
des hommes dans le long couloir où imprudemment il s'est engagé. Devant ce
flot, les digues cèdent, mais le vide se
fait par derrière. A bientôt l'épuisement.

On ne saurait trop le répèter, les troupes allemandes de seconde ligne ne valent rien du tout. L'active, avec ses cadres
rigides, est capable de fournir un effort
énorme ; mais il n'y a rien derrière elle
et quand elle sera fatiguée et décimée,
on sera tout surpris du peu de résistance
des éléments qui devront s'y substituer.

Et puis l'Allemagne n'a pas de grands généraux. La nature même de l'enseignement militaire professionnel supprime toute initiative chez les chefs. Quant· à l'empereur, on sait qu'à toutes les grandes manœuvres où il lui prit la fantaisie de commander il se fit battre à plate couture.

On aurait tort, je le répète, de redouter le colosse allemand. Celui-ci fonce en ce moment comme un taureau sur le point qu'il avait de longue date choisi. Il n'essaye même pas de s'accommoder aux circonstances nouvelles. Le plan prévu est exécuté automatiquement, avec l'obstination de la brute qui n'a ni la faculté ni le souci d'y rien changer. Tant pis, si pour le réaliser, il faut faire des sacrifices d'hommes disproportionnés avec le but à atteindre. Paris est l'objectif. A tout prix on essayera d'y arriver, dût-on ensuite ne plus pouvoir en revenir.

La tactique allemande ressemble à la diplomatie de l'Empire. Elle ne s'embarrasse pas de calculs lointains, pourvu qu'elle obtienne un résultat immédiat.

Que nous reconnaissons bien là, nous autres, Alsaciens-Lorrains, les procédés habituels des barbares qui nous gouvernent depuis près d'un demi-siècle. Conquérir les cœurs, gagner les sympathies, allons donc ! à d'autres ! Non ! il y a mieux que cela à faire. Il faut que dès le lendemain de l'annexion de deux provinces françaises les drapeaux allemands pendent à toutes les fenêtres à l'anniversaire de Sedan ; il faut que la langue française soit immédiatement proscrite des écoles, des enseignes, des inscriptions funéraires. Cette germanisation extérieure peut s'obtenir par la violence, par ordonnances de police et par procès-verbaux. Les sauvages s'en contentent. Et en avant les amendes, la prison, le refus de permis de séjour aux émigrants, la chasse aux étrangers !

Partout et toujours, sous les dehors

d'une politesse aux rites compliqués ou enfantins, d'une politesse qui n'est pas innée, mais apprise comme une leçon, l'Allemand reste une brute. Il gouverne en brute et fait la guerre comme une brute.

Voilà pourquoi nous pouvons et devons garder pleine confiance. Un coup d'audace a failli réussir ; mais ce n'est que le premier acte d'un drame où l'habileté et le courage conscient du toréador latin l'emporteront fatalement sur les charges aveugles du taureau germanique.

OHÉ ! LES PACIFISTES !

Cela devait arriver.

Qui donc parlait de paix prématurée au moment où les Allemands, après avoir déchiré le « chiffon de papier » qui garantissait la neutralité de la Belgique et avoir envahi et saccagé le vaillant petit pays, déclaraient ne plus vouloir en sortir ?

Qui donc en parlait quand les hordes de Guillaume II menaçaient Paris et que les journaux de Berlin annonçaient l'annexion du nord de la France et l'imposition d'une indemnité de guerre de 30 à 40 milliards ?

Maintenant que le colosse aux pieds d'argile se met à vaciller et que sa chute s'annonce prochaine, les pacifistes, les pionniers du germanisme, commencent à s'agiter. On les trouve partout à l'œuvre... « N'humilions pas l'Allemagne vaincue, disent-ils, avec des larmes dans la voix ; n'exigeons pas d'elle de trop gros sacrifices d'argent ; car sans cela nous la verrons reprendre, au lendemain de la conclusion de paix, sa politique de revanche et tout sera, dans quelques années, à recommencer. Si, au contraire, nous ménageons ses susceptibilités nationales et ses intérêts économiques, une longue ère de prospérité s'ouvrira pour l'Europe définitivement réconciliée. »

Et il y a, hélas ! même en France, même en Angleterre, des gens qui se laissent, par fausse sensiblerie, par un humanitarisme bébête, entraîner à prêter l'oreille, sans protestations à ces conseils décevants.

Pourquoi donc les pacifistes de l'école des Macdonald, des Trevelyan et des Argill, n'ont-ils pas fait entendre leurs protestations au moment où les Allemands proclamaient dans toutes leurs publica-

tions savantes et populaires, leur droit à
la domination universelle ; au moment où
traduisant leurs théories en actes, ces
barbares ont déchaîné la plus abominable
des guerres sur notre vieux continent ;
au moment où leurs soldats, ivres de meur-
tre, mettaient le feu à Louvain, à Reims,
à Arras ; au moment où leurs « savants »
se solidarisaient avec les pillards et les
incendiaires ?

L'Allemagne pangermaniste qui, depuis un demi-siècle, prépare, de son
propre aveu, des guerres de conquête
dont la diplomatie brouillonne ne permettait pas à l'Europe de trouver une heure
de repos, que ses officiers et ses pédago-
gues dressaient systématiquement à la
rapine, cette Allemagne bardée de fer
et constamment provocante, devrait être
épargnée parce que le mauvais coup qu'elle
avait si longtemps médité n'a pas réussi !
Et c'est au milieu des gémissements de

ses innombrables victimes, c'est à la lueur des incendies qu'elle a partout allumés, qu'on nous invite à lui faire grâce avant que son propre territoire ne soit envahi.

Au fond, tout est là. Jusqu'ici les Allemands faisaient la guerre chez les autres ; maintenant, les alliés s'apprêtent à la faire chez eux. Voilà pourquoi les pacifistes qui, hier encore, gardaient le silence, poussent aujourd'hui le cri d'alarme. Tant qu'on ne massacrait que des Belges et des Français, tant qu'on ne brûlait que des villages flamands et des fermes champenoises, l'humanité perdait ses droits. Mais on va, peut-être, dans quelques semaines, canonner des usines allemandes, dans lesquelles MM. les pacifistes ont de gros intérêts engagés. Dès lors, le moment est venu de s'attendrir et de parler, au nom de la civilisation, que ces destructions compromettraient.

Comme la France, l'Angleterre et la Belgique sont donc punies d'avoir si largement ouvert les portes de leurs banques et de leurs grands établissements industriels et commerciaux à tant d'Allemands, qui ont fini par s'y établir en maîtres. C'est dans ces milieux qu'il faut, en effet, chercher les prétendus pacifistes, qui, de fait, ont partie liée avec l'Allemagne, et autour desquels s'agitent quelques naïfs qui prennent pour de l'humanitarisme ce qui n'est que politique d'intérêts.

L'invasion « pacifique » des pays de la Triple Entente et des pays neutres, cette invasion qui devait précéder l'autre, a été préparée avec une prodigieuse habileté. Faut-il, à ce propos, rappeler le vote par le Reichstag, en 1913, de la loi Delbruck, de cette loi contraire au droit international, qui permettait à tout Allemand naturalisé dans un autre pays de garder, néanmoins, sa nationalité allemande avec tous les privilèges et toutes les obligations qu'elle comporte ?

Et ils furent ainsi des milliers et des milliers qui, sous le couvert de naturalisations fictives, empoisonnèrent et empoisonnent encore l'opinion publique dans les pays qui les ont trop généreusement accueillis, personnages souples, insinuants, louches, qui prêchaient le désarmement chez leurs hôtes et envoyaient des renseignements d'ordre militaire ou économique à leurs vrais compatriotes, corrupteurs et espions de profession qui s'attachaient à briser d'avance toutes les résistances au dehors pour mieux permettre à l'Allemagne de réaliser son rêve de domination universelle.

Ces soldats d'avant-garde du germanisme ont eu des heures de fausse joie. Les armées du kaiser ont failli s'emparer de Paris, après avoir annexé la Belgique tout entière et porté la guerre dans la Pologne russe. Leur triomphe n'a cependant été que de courte durée. L'étoile de l'Allemagne pâlit. Et voilà que les mêmes hommes qui s'étaient drapés dans un silence joyeux et goguenard, pleurnichent désespérément, parce que le territoire de l'empire germanique est menacé. Et ces fantoches sinistres ont le triste courage d'écrire des manifestes où ils disent avec une inconscience invraisemblable : « N'accablez pas les Allemands, ne vous vengez pas des crimes qu'ils ont commis, ne ruinez pas leur commerce, ne portez pas la mort et l'incendie dans un pays qui ne mérite pas ce cruel châtiment ! »

Tout de même, c'est abuser un peu de la longanimité des alliés que de leur tenir un pareil langage ! Les espions qui pullulent encore sur le territoire de la France et de l'Angleterre, les faux naturalisés qui s'y emploient surtout à défendre les intérêts de leur pays d'origine, les hommes d'affaires qui, imprudemment, ont engagé leurs capitaux dans des entreprises allemandes, s'imaginent-ils que quelques phrases pacifistes suffiront pour effacer le souvenir de tous les monstrueux attentats commis durant les dernières semaines par leurs protégés, et espèrent-ils que tant de sang versé, tant de ruines accumulées ne pèseront plus rien dans la balance de la justice, parce que sur l'autre plateau ils auront jeté les pièces d'or qui payaient leur trahison ou les actions qui attestaient leur candeur ?

L'OUTRE SE DÉGONFLE

Le manifeste des savants allemands, cette pièce bouffonne, où, niant l'évidence, ces bonzes à lunettes d'or ont cru, à force d'audace, pouvoir imposer leurs mensonges à l'univers, a produit, dans les milieux intellectuels français, un mouvement de stupeur. Il ne nous a nullement surpris, nous autres Alsaciens-Lorrains, qui connaissons de vieille date l'idiote suffisance et le manque absolu de sincérité des parvenus d'outre-Rhin.

Il faut d'ailleurs bien le reconnaître, les Allemands ont, avant d'en arriver à ce degré invraisemblable de bouffissure, trouvé des complices à l'étranger. Pendant les trente ans qui suivirent la guerre de 1870, l'Empire germanique ne trouva que des apologistes dans les autres pays d'Europe. On admirait de confiance tout ce qui venait de Berlin ou de Munich. Les ridicules méthodes philologiques des pédants teutons avaient fini par s'infiltrer dans les collèges français, comme on y prêtait créance, les yeux fermés, aux affirmations souvent gratuites et toujours sophistiquées des historiens de la Germanie. Qu'un médecin ou un chimiste des bords de la Sprée enjolivât de quelques perfectionnements l'invention d'un savant français ou anglais et immédiatement on oubliait l'inventeur pour déposer une couronne de lauriers sur la tête chenue de son plagiaire. Parce que l'Allemand a une horreur instinctive pour les formules claires et limpides, parce qu'il éprouve toujours le besoin maladif de mettre autour de la pensée la plus simple, le pesant fatras de ses phrases alambiquées, on s'imaginait qu'il y avait de la profondeur là où ne se trouvait que de l'imprécision et de l'obscurité. Nous en a-t-on assez rabâché les oreilles de l'excellence des méthodes germaniques et de la minutie scrupuleuse des recherches faites par les savants en *us* de l'Empire.

Or, qu'ont-ils fait, ces pionniers de la pensée humaine ? Ils ont pillé et démarqué les inventions des Latins. Ils ont industrialisé ce que d'autres avaient découvert. Ils ont falsifié l'histoire. Sous leurs gros doigts d'artisans malhabiles, la littérature s'est transformée en philologie, c'est-à-dire en critique syllabaire de la pensée humaine. Au vaste génie de synthèse des Latins, ils ont substitué cet esprit de mesquine et tatillonne analyse, qui est paralysant et stérile quand il devient le but de l'activité cérébrale, au lieu d'être le moyen et l'instrument des généralisations. Leur intelligence s'est définitivement enlisée dans le détail, parce qu'elle était incapable d'embrasser l'ensemble. Et partout et toujours, ces termites prétentieux n'avaient qu'une préoccupation : diminuer les mérites des autres pour accroître les leurs, vanter follement leurs propres travaux afin de mieux dissimuler les larges emprunts qu'ils faisaient à l'étranger, faire croire à tous que seule l'Allemagne portait dans ses mains le flambeau du progrès.

Le mot *voraussetzungslos* (dépourvu de préjugés) joue un rôle considérable dans les universités allemandes. A en croire les grands pontifes de la science germanique, cette absence de préjugés est la première des conditions de toute recherche sérieuse. Il suffit cependant de se rappeler que les théories pangermanistes, le *Deutschland ueber alles*, ont d'abord été proclamées dans les chaires doctorales de l'Empire pour se rendre compte de l'énorme pasquinade qui se trouve dans cet aphorisme. Le manifeste des « savants » vient d'ailleurs de faire éclater à tous les yeux l'éclatante contre-vérité qu'il recouvre. Ils n'ont pas eu honte, ces hommes dépourvus de tout préjugé, de mettre leur signature au bas du plus ignominieux de tous les documents. Ils ont tenté avec impudeur d'étayer le mensonge de toute l'autorité qu'à tort on attribuait à leur nom. Et ils n'ont pas compris, les malheureux, qu'en prostituant ainsi leur réputation usurpée à une œuvre de basse délation, ils compromettaient à tout jamais, même aux yeux de leurs naïfs admirateurs, le prestige du germanisme, et prouvaient que si l'Allemagne est au-dessus de tout, elle l'est surtout dans le domaine de la sotte vantardise et de l'erreur voulue.

L'outre pleine de vent est maintenant crevée par ceux-là même qui, en enflant leurs bajoues, l'avaient démesurément gonflée. Les peuples étrangers ne se fâchent plus de l'outrecuidance allemande, ils en rient. Et de fait, il est du plus haut comique le spectacle que donnent ces orgueilleux inconscients, quand ils supposent que l'écrasante évidence de tous les témoignages concordants sera contre-balancée par leurs négations collectives, uniquement à cause de l'autorité conventionnelle de leurs signatures. Ces fakirs ne doutent de rien. Ayant passé leur existence dans la haute contemplation du nombril de la science allemande, ils ont perdu tout le sens des réalités. Mais aussi pourquoi les avait-on jusqu'ici entourés d'une vénération fétichiste ?

La guerre actuelle nous débarrassera de la menace constante du militarisme allemand. C'est là un avantage sérieux. Elle mettra fin aux pratiques de pirates du commerce germanique et ce bénéfice-là sera également appréciable. Mais elle marquera surtout le terme de l'emprise que le Teuton, épais et grossier, avait mise sur l'esprit latin, et cela sera son plus appréciable résultat.

Et dire que ces prodigieux bluffeurs avaient encore la tranquille audace d'écrire ces jours derniers :

« Tout ce qui est noble et grand dans
« ce malheureux temps de *décadence de*
« *l'Europe* est allemand... Une défaite
« allemande serait la fin de la vraie hu-
« manité, et si le monde veut voir le pro-
« grès, il faut que le monde devienne alle-
« mand. Non pas politiquement, mais
« spirituellement il faut qu'il se soumette
« au peuple allemand. L'Allemand doit
« avoir la domination sur le monde. »

Ah ! il serait beau le monde, si le germanisme devait y refouler, devant ses savants hypertrophiés, ses littérateurs impuissants et ses artistes aux doigts gourds, tout ce que les géniaux élèves d'Athènes et de Rome y ont semé de merveilles et si, à la fière, noble et créatrice indépendance des peuples latins, on substituait la lourde discipline du mensonge germanique !

Un triple ban aux pioupious de France qui sont en train de percer de leurs balles le Zeppelin en baudruche de la science allemande. Sans s'en douter, ils sauvent la pensée humaine de la plus dégradante des servitudes.

IL FAUT ALLER JUSQU'AU BOUT

La situation générale est excellente.
Après le bluff de leur attaque brusquée,
les Allemands, qui ont perdu le souffle,
vont être obligés de quitter en hâte le
sol de la France et de la Belgique et ils
seront contraints de subir à leur tour
l'envahissemnt de leur territoire. Quelle
humiliation pour ces vaniteux qui pensaient pouvoir asservir l'univers ; car
ils y pensaient, bien mieux, ils s'en van-
taient d'avance. Il faut avoir été condamné, pendant des années, à lire les
journaux pangermanistes pour se rendre
compte de la morgue, de la suffisance,
des sottes ambitions de ces gens-là. Voir
brusquement s'effondrer ces espérances
si longtemps caressées, quel **désastre** !

Et l'Allemagne ne saura même pas mourir en beauté. Car le caractère allemand est ainsi fait qu'il ne supporte ni les fumées de la gloire, ni les coups de l'adversité. Orgueil démesuré ou effondrement complet ; il n'y a pas chez lui de milieu.

L'Allemand a, de l'aveu de ses propres philosophes, un naturel de laquais *(Dienernatur)*. Quand il réussit dans ses entreprises, il s'enfle et devient prétentieux et impertinent comme un parvenu ; lorsque le destin lui est contraire, il est complètement aplati. Cela tient sans aucun doute à ce manque d'énergie et de dignité que la hiérarchie bureaucratique a propagé dans une société d'où l'individualisme a complètement disparu, s'il a jamais existé. L'Allemand n'existe pas comme personne, il n'a de valeur que comme cellule amorphe d'un tout, et si ce tout vient à se décomposer, il n'est plus rien qu'un pauvre être sans consistance et sans volonté qu'affole ou accable la moindre difficulté.

Ce n'est pas à dire que l'Empire s'écroulera de lui-même. Non, il faudra donner un petit coup de pouce pour le renverser ; mais l'effort nécessaire sera minime. Les Allemands des Etats du Sud y tiennent par intérêt et par habitude ; ils n'aiment pas la Prusse ; mais ils ne pouvaient pas se passer de ce solide soutien pour imposer leur suprématie politique et économique à l'étranger. Le jour où la Prusse ne leur assurera plus ces avantages, le vieux particularisme revivra et les vieilles haines de races renaîtront.

La victoire commune de 1870 avait cimenté le bloc allemand, la défaite de 1914, due à l'insolente provocation des Prussiens, le disloquera tout naturellement. Demain les généraux des différents Etats s'accuseront mutuellement d'avoir manqué d'intelligence et d'audace. N'est-on pas déjà frappé par la dislocation des

contingents saxons qui semble prouver
que l'état-major général est peu satis-
fait de leur commandement ?

Dans ces conditions, quand l'Allemagne
demandera-t-elle la paix ? Ce sera, peut-
on croire, dans un délai relativement court,
dès qu'elle sera sûre que la partie est à peu
près perdue. S'ils se sont comportés comme
des sauvages en Belgique et en France,
ces braves Teutons ne voudront pas s'exposer à des représailles. Ils vont donc
commencer à pleurnicher. Ils affirmeront
que cette guerre atroce leur a été imposée
par la parole donnée à l'Autriche. Ils feront appel aux sentiments d'humanité
des Alliés pour mettre un terme à d'inutiles carnages. Ils se feront tout humbles,
tous petits, s'il le faut même, tout repen-
tants. Arrogants hier, ils seront quéman-
deurs demain. Pourvu que l'on consente
à négocier, car alors ils retrouveront toutes
leurs qualités de mercantis et ils compte-
ront sur les rivalités de leurs vainqueurs

pour se tirer le plus honorablement possible de ce mauvais pas.

Il serait en tout cas, imprudent d'entamer une discussion avant l'écrasement total de l'Allemagne, car tout serait à recommencer dans une dizaine d'années et qui nous dit qu'alors la même coalition se reformerait devant les entreprises conquérantes du germanisme ? Si l'Europe veut jouir d'un siècle de paix et de prospérité, il est indispensable que l'Empire germanique disparaisse. Je dis bien l'Empire et non pas les Etats allemands. Pourvu que ceux-ci ne puissent pas se ressouder, l'Allemagne ne sera plus redoutable.

L'avenir, ainsi assuré, il faudra réparer les ruines qu'en quelques semaines les Barbares ont accumulées sur notre territoire et sur celui de nos voisins. L'Allemagne ou plutôt les Etats allemands pourront fournir une grosse indemnité de guerre. Le gage est là. Les chemins de fer allemands

qui sont tous étatisés, ont une valeur de
25 milliards de francs et la Prusse possède
d'excellentes mines de charbon. Quant aux
chefs-d'œuvre que stupidement les soldats
teutons ont détruits, on ne saurait les
payer en argent ; il faudra les faire payer
en nature. Les musées de Berlin, de Dus-
seldorf, de Munich et de Dresde renferment des toiles d'un prix inestimable.
On y trouvera l'équivalent de ce que les
Allemands ont détruit à Louvain, à Reims
et ailleurs. Puisqu'ils n'ont pas respecté
les merveilles artistiques qu'on entourait
de tant de vénération en France, en Belgique et dans le monde entier, pourquoi
les vainqueurs laisseraient-ils l'Allemagne
s'enorgueillir des trésors qu'elle a lentement accumulés ?

Ceux qui connaissent l'Allemagne n'ont
pas été surpris de voir les Allemands se
livrer à cette œuvre de destruction systématique. L'Allemand est brutal, parce
qu'il est envieux. Il a conscience de son

infériorité quand il se trouve devant les représentants des vieilles civilisations. Alors, tout naturellement, lorsqu'il se sent le maître, il anéantit ce qu'il ne saurait égaler. Vous en auriez vu bien d'autres, si le sort des armes avait été favorable à ces êtres incomplets qui pourtant voudraient que la supériorité de leur race fût incontestée.

Ah ! si vous aviez, comme nos populations d'Alsace-Lorraine, été obligés de subir le contact journalier de ces maîtres jaloux et brutaux, comme vous comprendriez qu'affranchis par la guerre de toute contrainte, ils n'aient songé qu'à brûler et à démolir ce qui les humiliait. Ils se vengeaient, en somme, d'un passé séculaire dont les splendeurs étaient insupportables à leur orgueil.

Et puis il y avait encore autre chose : l'Allemand moderne est un commerçant pratique ; en se livrant à une destruction systématique, il préparait du travail pour

ses industriels, ses ingénieurs, ses « res-
taurateurs » de Holkœnigsburg et autres
merveilles des temps passés. Croyez-moi,
il y a du système, de la méthode dans ce
vandalisme.

Je me résume, la victoire des Alliés
sera le triomphe de la civilisation sur la
barbarie. Encore faut-il que cette victoire
soit complète et définitive, sans cela le
cauchemar recommencera demain. Allons
jusqu'au bout.

TYPES D'ALLEMANDS

DER HERR PROFESSOR !

Après l'officier, le personnage le plus
important et le plus considéré. Se tient
lui-même en très haute estime. Parle avec
lenteur, pontifie même dans sa vie privée, exige les marques du respect le plus
plat des élèves qui se pressent autour de
sa chaire. Est très friand d'honneurs
et de distinctions. Un exemple. J'entre
dans le bureau d'un philosophe connu :
« Mes hommages, monsieur le professeur. »
— Comment dites-vous ? Professeur ?
Ignorez-vous que je suis « conseiller
secret réel » ? — Monsieur le conseiller
intime, je vous présente mes excuses. —
Encore ? Mais d'où sortez-vous donc ?
Un conseiller secret intime réel a droit
au titre d'Excellence. N'avez-vous donc
pas, avant d'entrer, jeté les yeux sur la

carte de visite qui est clouée à la porte ? — Excellence, mille regrets. — Enfin ! »

[Ce dialogue n'est nullement controuvé. Il a eu lieu dans une ville universitaire de Bavière.

Le « Herr Professor » n'a d'estime que pour la science étrangère qu'il a débaptisée. Le professeur Effertz, qui est lui-même Allemand, a dégonflé d'un merveilleux coup de stylet cette outre remplie de suffisance. Dans une série d'articles documentés, il a prouvé que les savants allemands, à deux ou trois exceptions près, n'ont été que de patients et nuageux compilateurs, des pillards prétentieux d'épaves.

En littérature, critique syllabaire, en philosophie, phraséologie creuse et inutiles complications, en jurisprudence, théories funambulesques, en sciences naturelles, simples adaptations.

M. le professeur médite sur un de ces livres où le Latin a jeté en un style limpide la synthèse brillante de ses patients travaux. Il hausse les épaules. Quelle

inconcevable légèreté ! quel manque de
profondeur ! Et le voilà qui démarque
la pensée trop claire, l'enveloppe de cette
phrase longue, lourde, compliquée, surchargée d'incidentes, que les Allemands
eux-mêmes ont plaisamment qualifiée
« Professorendeutsch ». Au bas de chaque
page, il entasse pêle-mêle les citations que
péniblement il a collectionnées dans ses
lectures antérieures. Le volume grossit,
il est indigeste à souhait ; Descartes est
devenu Kant, Lhomond s'est transformé
en Groeber, Berthelot s'efface devant
Behring. Et, phénomène merveilleux, l'é-
tranger, celui-là même qui a fourni au
« savant » allemand tous les éléments de
son travail de mosaïque, se laisse « bluffer » par l'incommensurable vanité du
fabricant de brouillard. Enlevez en effet
à la science allemande les épaisses vapeurs
dont elle s'entoure, et vous serez tout surpris de découvrir le vide ou les naïvetés
qu'elle recouvre.

Tout naturellement, le « Herr Professor »
est un grand patriote. Il n'a de vénération
que pour le pays qui l'entoure d'un rayon-
nement de gloire et ne lui ménage pas les
marques matérielles de son respect. Pour
lui toutes les connaissances humaines et
toutes les vertus sont spécifiquement
allemandes. Tous les grands hommes appartiennent à la race germanique et, à
grand renfort d'érudition, il vous prouvera
que César et Napoléon, Michel-Ange et
le Poussin, Raphaël et Boucher, le Dante
et Corneille avaient du sang germain
dans les veines. C'est un professeur allemand qui a découvert que, les Berbères
de l'Atlas ayant les yeux bleus et les cheveux blonds, leur descendance germanique était bien établie et que dès lors le
Maroc revenait de droit aux Allemands,
héritiers légitimes des Goths. Ces gens-là
ont l'annexion dans les veines, et quand
ils ne volent pas des provinces, ils pillent
les Panthéons des peuples voisins,

On n'est pas dédaigneux des petits profits dans les universités allemandes. Ces universités sont autonomes. Chaque pays, chaque province tient à donner le plus grand éclat à la sienne. Dès qu'une chaire est vacante, les professeurs les plus renommés se mettent à l'encan. On fait des sacrifices énormes pour s'assurer le nom le plus illustre. Certains de ces savants à lunettes d'or arrivent de la sorte à toucher des traitements de ministres. Et, circonstance aggravante pour les budgets universitaires, le professeur atteint de maladie ou de sénilité, ne sera pas mis à la retraite, il sera, comme on dit là-bas « émérité », c'est-à-dire que jusqu'à la fin de sa vie désormais inutile, il touchera intégralement son traitement le plus élevé.

La carrière est donc avantageuse et on comprend que les candidats qui en encombrent les avenues soient légion. N'y pénètre pas qui veut. De puissantes protections, bien plus que les mérites personnels, sont indispensables pour s'y faire agréer. Pour ceux qui n'en disposent pas, le noviciat est interminable. Que de *Privatdocenten* (répétiteurs) traînent une existence studieuse, mais misérable, autour des « fils à papa » qui du premier coup décrochent la timbale. En effet, pour être reçu dans le docte collège professoral d'une Université, il faut obtenir la majorité des voix du Sénat académique, et des hommes comme l'historien Pastor se la sont toujours vu refuser.

A un degré plus bas de l'échelle nous trouvons le professeur de collège, pédant, presque toujours insupportable, qui à heure fixe et moyennant un traitement que lui envieraient les maîtres des Facultés françaises (10.000 francs), débite la science officielle à des élèves qu'il « mécanise » suivant les rigides formules de la pédagogie allemande. C'est le monsieur qui passera des heures à faire admirer aux pauvres petits les mystères de l'accent grec ; mais qui ne trouvera pas un mot pour expliquer les beautés littéraires du texte qu'il désarticule, comme un boucher dépèce un quartier de bœuf. Malheur à l'élève qui se permettra de laisser libre jeu à son imagination dans une narration ou dans une dissertation. On lui a donné lecture d'un modèle, on lui a fourni un canevas avec divisions et subdivisions. Il a le devoir de s'y tenir rigoureusement : car en Allemagne tout doit être discipliné, militarisé, même la pensée individuelle.

Est-il dès lors surprenant que la littérature allemande soit si désespérément pauvre, quand pourtant la langue est d'une incomparable richesse de tournures et d'expressions ? Le *Herr Professor* est le principal artisan de cette misère intellectuelle. Et dire qu'il y a des philologues français qui se sont mis à la remorque de ce fantoche grotesque et qui avaient pensé à substituer ses méthodes compliquées à la belle et lumineuse clarté latine !

LE RESTAURATEUR

Il ne s'agit pas évidemment de ce personnage gras et souriant qui, dans les
brasseries allemandes, circule autour des
tables, saluant d'un geste obséquieux
tous les clients de sa maison et distri-
buant de sa voix pâteuse des *Mahlzeil*,
débordants de reconnaissance ; mais de
l'être aussi malfaisant que prétentieux,
qui, sous prétexte de réparer les ravages
du temps, lave, répare et vernit les vieux
tableaux, ajoute des membres neufs aux
statues amputées, restaure les ruines augustes des palais et des châteaux du Moyen-
âge et de la Renaissance.

Ce cuistre à grosses lunettes d'écaille
est le produit le plus monstrueux de la
« savante Allemagne ». Sans cesse à l'af-
fût de nouvelles victimes de son barbare

« modernisme », il arpente les galeries de musées, erre dans les églises les plus vénérables, escalade les montagnes sur lesquelles se dressent les fines silhouettes des anciennes demeures seigneuriales. Dès qu'il a découvert la toile dont les couleurs commencent à s'atténuer sous la patine des siècles, le buste dont le marbre accuse quelques brisures, la tour écroulée, son visage de fauve s'illumine. Il va pouvoir donner libre cours à son sadisme destructeur et prouver au monde étonné de tant d'audace qu'un savant allemand peut corriger Phidias, Rubens et ces merveilleux architectes gothiques qui tissaient des dentelles avec la pierre la plus dure.

Le restaurateur est d'ordinaire un bonhomme très coté. Il a de l'école. Sa mémoire est meublée, comme une bibliothèque, de majestueux in-folios et de délicats elzévirs. Mais de toutes ces lectures il n'a retenu que des noms propres et des formules banales. Ce qu'il découvre dans

les œuvres d'art les plus prestigieuses,
ce n'est pas la beauté souveraine et con-
quérante, mais l'occasion de publier sur
l'artiste et sur ses productions un travail
long, lourd, indigeste. Les peintres, les
sculpteurs et les architectes du passé
n'eurent pas d'autre raison d'être que de
permettre aux « savants » de la moderne
Germanie d'étaler leur pesante érudition.

Notre homme commence donc par ouvrir la bonde de son inépuisable tonneau
de vidange scientifique. Il écrit à perte de
vue sur les procédés de l'école de l'artiste
qu'il a choisi pour servir de sujet à ses
abominables expériences de « vivisection ».
(Qu'on me pardonne de me servir de ce
terme en apparence impropre ; car si
l'artiste est mort, son œuvre est toujours
bien vivante). Puis le vandale nous explique, à grands renforts d'arguments, pourquoi la couleur du tableau a poussé au
noir et s'est craquelée. En passant il fait
l'éloge d'une maison allemande qui four-

nit des couleurs et des vernis défiant les atteintes du temps. Il nous montre ensuite comment, grâce à ses patientes recherches, il a su trouver le moyen infaillible de donner à la toile vieillie toute son ancienne fraîcheur : lavage aux acides, retouches « respectueuses », rentoilages attentifs.

S'il s'agit d'une statue qui a perdu un bras ou une jambe, il retrouve le geste du membre disparu, non pas comme le ferait un vulgaire Latin, en cherchant la pureté de la ligne, mais en analysant les contractions des muscles épargnés. Comme les raisons qu'il donne sont d'ordre anatomique, personne ne saurait y contredire. Ajoutons donc au chef-d'œuvre de Praxitèle, en nous appuyant sur ces données irréfutables, les membres qui lui manquent, Cuvier n'a-t-il pas reconstitué les animaux des temps préhistoriques en examinant attentivement quelques fragments de leurs squelettes ?

Même procédé pour les ruines. S'il existe quelques vieilles estampes, le travail de restauration sera relativement facile. Sinon, rien de plus aisé que de procéder par voie d'analogie. Une erreur est possible, mais combien improbable. Et puis, au pis-aller, le savant allemand aura montré comment les architectes du bon vieux temps auraient dû s'y prendre pour construire des châteaux confortables, s'ils avaient disposé des connaissances et des ressources des architectes allemands contemporains.

Le vieux, le détérioré est laid ; il faut donc le remplacer par du neuf. Dans cette Allemagne moderne, si fière de ses hôtels reluisants, de ses théâtres aux criardes dorures, de ses églises aux voûtes et aux chapitaux peinturlurés, on ne saurait tolérer de vieilles pierres moussues, de statues amputées. de tableaux noircis. Et en avant le grattoir, la brosse, le ciseau et la truelle. Les **Grunewald** vont resplen-

dir sous le pinceau d'un gâcheur de céruse,
de vermillon et de bleu de Prusse. Vénus
arrondira son bras comme une maritorne
de brasserie et sur la crête des Vosges le
Holkœnigsbourg dressera sa massive tour
carrée pour témoigner du génie de Bodo
Ebhard et de son impérial protecteur.

Allez visiter la superbe galerie de pri-
mitifs de la galerie nationale de Berlin.
Les ors rutilent, les couleurs flamboient.
Est-ce hier que Fra Angelico et Fra Bar-
tolomeo ont peint ces merveilles ? Non !
mais c'est hier qu'un infâme barbouilleur
a, sous la savante direction du conservateur, passé un pinceau sacrilège sur ces
chefs-d'œuvre pour les accomoder au
« goût » allemand.

Et partout, dans cet empire où le parvenu domine, c'est la même impiété qui
s'affiche. Il faut que tout reluise, les pein-
tures et les sculptures comme les parquets.
Il semble que le génie des âges passés ait
besoin des retouches de la médiocrité

courante pour obtenir droit de cité dans la patrie de la haute culture pangermaniste. Quelques voix se sont élevées pour protester timidement contre ces odieuses profanations ; mais le présomptueux restaurateur a su leur imposer silence en s'assurant la protection et de l'amateur couronné, qui occupe encore le trône impérial, et des courtisans qui entourent Guillaume II, et des mécènes de la haute banque et de la grande industrie.

Ah ! si ces gâcheurs s'étaient contentés de couvrir l'Allemagne de ces monuments « colossaux » qui, dans tous les temps, immortaliseront la pesanteur allemande, de ces monstrueuses colonnes de Bismarck, de ces dondons plantureuses qui symbolisent la Germania triomphante, de ces Guillaume Ier, dont l'insignifiance n'est pas compensée par l'énorme quantité de bronze qu'on a gaspillée pour les grandir ! Mais non, les sauvages ont cru devoir encore mettre leur empreinte dégradante sur les merveilles délicates de l'Antiquité, du Moyen-âge et de la Renaissance, et ce sera leur honte éternelle d'avoir, au nom d'une science qui n'est qu'un bluff formidable, sali et enlaidi ce qu'ils n'auraient jamais pu égaler ou même imiter.

DER HERR LEUTNANT

Il est entré à l'école des Cadets, à l'âge
de 15 ans, sans passer d'examen sérieux.
Bien sanglé dans son gracieux uniforme,
il apprend d'abord à dédaigner le pékin,
qui n'a pas le grand honneur, surtout à
un âge si tendre, de porter « la livrée du
roi ». Quelle que soit son origine, noblesse
ou riche roture, il s'appliquera surtout
à bien établir les distances entre le fonctionnaire civil, humble serviteur de l'Etat,
et le porteur de sabre, soutien indispensable de la dynastie. Mieux vaut ne point
parler du simple contribuable, bête à bon
Dieu qui doit se trouver trop honoré
de pourvoir aux besoins et aux caprices
dispendieux des gradés militaires. Le cadet
plastronne, il parle haut dans les restaurants à la mode ; car ce serait déchoir

que de montrer son uniforme dans une vulgaire brasserie. Ce blanc-bec a déjà toutes les audaces et toutes les impertinences. Ne sera-t-il pas demain le Herr Leutnant, ce demi-dieu dont Gretchen remplira ses rêves et que les mères attentives couveront de leurs regards attendris ?

A 18 ans, après avoir reçu tant bien que mal une éducation professionnelle insuffisante, le cadet est versé dans un régiment, comme Faehnrich-porte-épée. Disons à ce propos qu'au grand scandale des pangermanistes le vocabulaire militaire est encombré de termes français : Armee-corps, division, brigade, regiment, compagnie, general, leutnant, sergent, avant-garde, canon.

Le faehnrich a la fonction d'un adjudant. Son stage est d'un an. Quand ce stage est terminé. le candidat officier demande une affectation. S'il est de haute noblesse, il a quelques chances d'être admis dans un corps de la garde. Si son blason n'est pas reluisant, il demandera qu'on le verse dans un régiment de cavalerie. Le roturier devra se contenter de figurer dans les cadres de l'infanterie ou de l'artillerie. Le train des équipages est le refuge des pauvres diables, dépourvus de titres, d'argent et de protections.

Une dernière épreuve attend l'aspirant. Son nom est communiqué au corps des officiers du régiment auquel on le destine. Un vote a lieu. Pour être reçu, il faut que le candidat soit accepté à l'unanimité des suffrages. Sinon on le prie de se présenter ailleurs ou de renoncer à la carrière militaire. C'est ainsi que le second fils de M. de Bulach, secrétaire d'Etat en Alsace-Lorraine, ayant essayé de se faire recevoir comme officier dans un régiment de hussards rouges, fut l'an dernier honteusement blackboulé.

Le lieutenant agréé devient du coup un personnage important. Il porte un uniforme de coupe irréprochable et d'une propreté méticuleuse. Il a une taille de guêpe, et pour la garder, il ne recule pas devant l'emploi du corset. Raide, compassé, affectant de parler dédaigneusement du bout des lèvres, il déambule d'un pas automatique sur les trottoirs qui sont à peine assez larges pour son encombrante personne. Les civils qu'il honore de son amitié quelque peu méprisante le saluent très bas. Il répond à leurs hommages en portant le bout du doigt au bord de sa casquette d'un geste protecteur.

Dans les établissements publics, où il daigne fréquenter, il occupe les meilleures places et les garçons négligent tous les autres clients, quand le *Herr Leutnant* leur jette un ordre bref et cassant. Si d'aventure des volontaires d'un an se trouvent dans le même local, ils bondissent de dessus leurs chaises et se tiennent droits comme des piquets jusqu'à ce que l'officier leur fasse signe de s'asseoir. Le même cérémonial se renouvellera quand le lieutenant quittera son siège.

Le jeune officier de 19 à 20 ans, qu'on entoure de tous ces hommages, a bientôt acquis toute la morgue traditionnelle. Il devient insupportable au point que les civils, soucieux de leur dignité d'homme, l'éviteront avec soin de crainte d'être soumis à d'inutiles et odieuses humiliations. Regarder un lieutenant avec une trop grande curiosité, c'est en effet s'exposer à de gros inconvénients. L'officier allemand est tenu, par les règlements de sa caste, à ne tolérer aucun manque de respect. Il provoque en duel pour un rien, et si l'offenseur supposé n'est pas *satisfactionsfaehig*, c'est-à-dire n'appartient pas à un milieu social où le duel est admis, il a l'obligation absolue, sous peine d'être exclu de l'armée, de se servir immédiatement de ses armes pour sauvegarder son honneur. Comme il est seul juge de l'atteinte portée à son honneur, mieux vaut éviter tout contact avec ce jeune homme vaniteux et hérissé.

Faut-il, après cela, être surpris de voir l'armée allemande garder dans ses rangs un lieutenant Fortsner, ce triste héros de Saverne, qui insultait lâchement les recrues alsaciennes et abattait d'un coup de sabre un pauvre infirme que maintenaient quatre vigoureux soldats ? Fortsner n'avait fait que son devoir, comme l'ont constaté les juges du conseil de guerre. Il aurait par contre été ignominieusement chassé de son régiment s'il n'avait pas frappé le cordonnier qui, prétendait-il, lui avait manqué de respect et avec lequel il ne pouvait pas honnêtement s'aligner sur le terrain.

Le *Herr Leutnant* ne travaille guère. Quelques heures passées au quartier le matin pour la visite des chambrées et l'exercice, voilà tout ce qu'on exige de lui. Vis-à-vis de ses hommes, il se montre non pas hautain (ce serait leur faire encore trop d'honneur) ; mais, si je puis m'exprimer de la sorte, lointain. Le simple soldat appartient à une autre humanité.Les jeunes lieutenants ne dédaignent pas de se servir de la cravache pour faire rectifier les mouvements, et il leur arrive également quand ils parlent à leurs surbordonnés, de se servir de ce langage admirablement grossier qu'en Allemagne on appelle « les fleurs de style des cours de caserne ».

Au casino, où le jeune officier encore célibataire est tenu de prendre sa pension, le lieutenant redevient bon vivant. On est entre camarades, on peut donc sans déroger laisser la morgue et même la tenue au vestiaire. Le *Liebesmahl* (repas d'amour) y est fréquent. Le champagne allemand (sekt) y coule à flots ; car l'officier allemand a une passion souvent de simple commande pour les vins mousseux, comme aussi pour les mets chers, qui, parce qu'ils sont chers, doivent aussi, à son jugement, être distingués.

A ce régime coûteux, la solde et la rente qu'obligatoirement doivent lui servir ses parents s'épuisent rapidement. A moins d'appartenir à une famille très riche, le lieutenant fait des dettes. Bientôt il n'a plus qu'un souci : trouver un beau-père qui les lui paiera et il le trouve presque toujours ; car tel est le prestige qu'en Allemagne exerce l'uniforme, que l'officier n'a qu'à frapper à la porte des maisons les plus fermées pour se faire agréer immédiatement.

Et voilà comment le *Herr Leutnant*, personnage le plus important de la société allemande, déambule fièrement au milieu des agenouillements de la foule. C'est le jeune héros prometteur, c'est le demi-dieu de l'Olympe germanique. A lui toutes les adorations et toutes les ivresses ! Saluons bien bas ce produit incomparable de la grande civilisation allemande ! C'est un personnage dont la bravoure a subi un entraînement journalier, dont la tenue est parfaite, qui se bat et valse avec une élégante raideur, et qui, pour tous ces motifs, méprise le reste de l'humanité et s'imagine appartenir à la caste supérieure de la race choisie et prédestinée.

LE HOBEREAU

Un gentilhomme campagnard, qui vit sur ses terres de la vie des paysans. Il dispose d'ordinaire d'un majorat qui lui assure sa subsistance, mais ne le met pas toujours à l'abri de l'usure. La terre, surtout dans le Nord, nourrit mal son homme. Dans les châteaux de l'Elbe et du Brandebourg, on mène donc une existence généralement patriarcale. Le propriétaire se lève tôt ; il surveille les travaux des champs, préside à la moisson, paye les salaires et passe les marchés lui-même. Il ne dédaigne pas d'adresser la parole à ses ouvriers qu'il traite avec une rude bonhomie.

Ces ouvriers vivent en des taudis misérables, où règne parfois la plus répugnante promiscuité. Rien de plus étrange que le spectacle de ces longues files de travailleurs qui, du matin au soir, alignés comme une compagnie à l'exercice, exécutent le même travail sous la direction d'un gérant, sorte de garde-chiourme qui, au besoin, les frappe de son gourdin pour activer leur zèle. Le propriétaire nourrit et loge ses serfs, car c'est bien le servage qui règne encore dans ces contrées désolées.

En été, des équipes de Galiciens, engagées par des agences et conduites par leurs exploiteurs, viennent renforcer les groupes d'ouvriers indigènes. On est alors forcé, dans les greniers qui servent d'habitation à ces derniers, de se serrer davantage.

Quand viennent les élections, tout le troupeau est conduit aux urnes par le patron. Comme on vote à bulletin ouvert pour le Landtag prussien, les malheureux présentent tous au directeur du bureau des bulletins conservateurs. C'est grâce à ce régime antédiluvien et aussi aux savantes combinaisons du système électoral des trois classes que l'extrême droite dispose de la majorité dans le Parlement de la Prusse, bien qu'effectivement à peine un dixième des électeurs acceptent ses doctrines.

Les cadets des familles de hobereaux entrent tous dans l'administration et dans l'armée, où ils forment la garde du corps du souverain. Il faut bien le reconnaître, les traditions de rigidité et de discipline des bureaux ministériels de l'Allemagne du Nord ont toujours été maintenues par ces hommes qui les ont sucées avec le lait de leurs mères. Tous les gouvernements de province, tous les postes importants de l'administration civile et militaire sont réservés aux hobereaux, dont les convictions monarchistes sont inébranlables.

Il arrive pourtant que, dans ces milieux, l'esprit de fronde se manifeste avec une âpreté toute paysanne. Les conser-

vateurs sont naturellement protection-
nistes ; ils le sont souvent avec férocité.
Quand un chancelier s'avise de faire quelques concessions économiques à l'industrie,
ils se jettent tête baissée, comme des tau-
reaux furieux, dans l'opposition et n'ont
pas de cesse qu'ils n'aient renversé celui
qu'ils considèrent comme l'ennemi : « Le
roi doit être absolu, pourvu qu'il fasse
nos quatre volontés » *(Und der Kœnig
absolul, wenn er unser'n Willen lut)*, telle
est la devise que, plaisamment, on a
prêtée aux hobereaux de l'Elbe et il y a
une bonne part de vérité dans cette satire.

Le conservateur tire ses principaux
revenus de la production de l'alcool. A
chaque domaine est attachée une distille-
rie, qui, dans la répartition des primes,
cherche à se faire assurer le plus fort
contingent.

Malgré les bénéfices qu'il tire de cette
fabrication, le hobereau n'est pas riche ;
il ne peut pas, du moins, mener grand

train de maison comme les parvenus de
l'industrie dont le luxe insolent l'écrase.
On ne le voit à Berlin que deux ou trois
fois par an, quand il assiste aux réceptions
de la cour, le 1er janvier, et en été, quand
il se rend aux Congrès du parti agrarien.
Ce vertueux par nécessité se livre alors à
des orgies gargantuesques. Il fréquente
les meilleurs restaurants et ne boit plus
que du champagne. Les Berlinois, qui sont
par nature très moqueurs, prétendent
qu'après la semaine du Congrès, tout le
personnel galant des restaurants de **nuit**
est fourbu.

Il n'en est pas moins vrai que le hobereau représente la solide charpente de
l'édifice prussien. Ce personnage, massif
et solide, dont l'horloge retarde de plusieurs siècles et qui n'a aucune compré-
hension des nécessités de la vie moderne,
emportera, quand il aura disparu (et il
est en train de disparaître) tout ce qui
a fait la grandeur et l'éclat de la dynastie

de Hohenzollern. Il est un anachronisme vivant, mais un anachronisme volontaire, têtu, sur lequel toutes les résistances se sont jusqu'ici brisées, parce qu'il ne veut rien voir et rien entendre et que, dans sa brutale obstination, il prétend maintenir quand même, au milieu de l'évolution générale, sa conception fossile de l'Etat moyen-âgeux.

L'ÉTUDIANT

Dans les autres pays les jeunes gens sont personnels, primesautiers, enthousiastes, un peu présomptueux ; mais aussi combien aimables et attirants. L'Allemagne a réussi, par ses méthodes compressives, à faire de l'étudiant une sorte d'automate, qui met tout son orgueil à esquisser, à heures fixes, les gestes qu'exécutaient déjà les ancêtres moyennageux.

Aucune spontanéité chez ce type de jeune vieux, aux habitudes que les événements les plus considérables n'ont pas changées, et qu'après une absence de vingt et trente ans on est tout surpris de retrouver dans les mêmes brasseries, sur les mêmes promenades, se pavanant avec la même impertinence, chantant les mêmes refrains, buvant ses bocks avec le même cérémonial, se battant avec la même inoffensive rapière. L'étudiant, c'est l'Allemagne figée, qui, n'ayant rien trouvé de mieux, se cramponne à des usages aussi anciens qu'enfantins.

La perruque du juge anglais nous apparaît comme un vénérable symbole, la casquette de l'étudiant allemand comme un grotesque anachronisme.

Qu'est, en effet, cet enfant mal venu de l'« Alma Mater » ?

Un jeune homme qui s'imagine que, dans « le peuple des seigneurs », il appartient, à côté de l'officier ou du moins immédiatement au-dessous de lui, à une incomparable élite. Dès qu'il a coiffé sa tête de la casquette de couleur, il plane en effet bien au-dessus du vulgaire « pékin » qui ne jouit pas des « libertés académiques ».

Des « licences », devrais-je dire, car l'étudiant, à moins qu'il ne commette un très gros délit de droit commun, ne relève pas des tribunaux ordinaires mais bien du sénat de l'université, qui, composé de professeurs, fera preuve de la plus grande indulgence vis-à-vis des prévenus, quand ceux-ci, ivres, comme il est toujours permis et quelquefois obligatoire de l'être, auront rossé la garde ou se seront suspendus à toutes les sonnettes du quartier pour arracher les bourgeois à leur paisible sommeil.

Les étudiants, comme les Allemands de toutes les autres classes de la société, sont hiérarchisés. Il y a des corporations nobles et des associations roturières, les « Corps » où on ne peut pas entrer si on ne dispose pas de gros revenus et les « Burschenschaften » accessibles aux petites bourses, les cercles où le duel est de règle et ceux où il demeure facultatif, les groupements nationaux et confessionnels.

Chaque nouveau venu trouve donc à se caser.

16

Partout d'ailleurs les rites sont identiques. Un noviciat d'un an est imposé au « renard » qui demande son admission dans une corporation. Pendant cette période, le renard est l'esclave d'un « compagnon » qui a été chargé spécialement de le dresser. La cérémonie de réception définitive défie toute description tant elle est follichonne.

Du jour où il est *Bursche*, l'étudiant devient un personnage considérable. Il ne peut plus fréquenter les établissements populaires qu'après avoir déposé ses insignes à la porte.

Ne riez pas de ses airs importants. Rire d'un étudiant ou simplement le fixer du regard, c'est s'exposer à une provocation en duel. Duel innocent toutefois. En effet, le front, les oreilles, le cou, la poitrine et les bras du combattant sont matelassés. Des treillis de fil de fer protègent les yeux. Seules les parties charnues de la figure sont découvertes.

La rapière, dont le bout arrondi est légèrement aiguisé ne pourra faire que d'insignifiantes, mais néanmoins très visibles balafres.

Gretchen n'en versera pas moins des larmes d'attendrissement quand Karl lui montrera sur son visage raviné de profondes cicatrices à coutures bien saillantes, les stigmates de son incomparable courage.

L'étudiant se lève très tard. Avant midi, il se rend au local de l'Association pour y boire la chope matinale obligatoire *(Fruehschoppen)*. Puis, gravement, les membres de la corporation s'en vont processionnellement arpenter la promenade principale de la ville, échangeant des saluts cérémonieux et solennels avec les autres groupes de porteurs de couleurs.

Tous les soirs, *Kneipe*, c'est-à-dire beuverie au siège de la société, avec accompagnement de chants légers ou patriotiques, de discours sérieux ou plaisants, de *salamander*, cérémonie grotesque qui consiste

à frotter le fond des verres sur la table
sur commandement en prononçant des
formules funambulesques, de « duels de
bière », répugnants concours de deux
jeunes gens qui vident d'un trait et sans
respirer des bocks d'un demi-litre, réception de « philistins », anciens membres
de la société, que les jeunes blancs-becs
ont le droit, durant la soirée, d'appeler
par leurs surnoms corporatifs et de tu-
toyer, bien qu'ils occupent souvent les
situations les plus enviables. Tout cela
avec un luxe de gestes dont l'ordonnance
est rigoureusement arrêtée, de formules
archaïques dont il est strictement défendu
de s'affranchir, avec cette politesse affectée
qui, chez l'Allemand, doit être la marque
d'une grande distinction.

L'étudiant campagnard est soumis à
un savant entraînement. On lui apprend
à saluer en portant la casquette à la hauteur de la hanche, à se casser en deux
quand il parle aux dames, à réciter des

phrases toutes faites, à se présenter suivant les règles de l'art... allemand (mon nom est Muller), à marcher d'un pas rythmé, à danser.

Quand il sort de cette école, le malheureux est entièrement mécanisé. Qui a vu un étudiant allemand les a tous vus, car le moule est uniforme et on les y comprime jusqu'à ce qu'ils aient perdu toute individualité

Chaque corporation possède pour ses « chargés » quelques uniformes somptueux : vestons de velours à brandebourgs multicolores, culottes blanches de daim, hautes bottes à l'écuyère, béret ou petite toque brodée retenue par un élastique. Quand les dignitaires portent ce costume, il leur est interdit de circuler à pied. Un riche équipage les transporte et au-dessus de leur tête flotte la bannière où s'étale en monogramme d'or le chiffre de l'Association : *Vivat, floreat, crescat Borussia !*

Pendant quatre ou cinq ans, l'étudiant

gaspille sa jeunesse à ces enfantillages qui lui ravissent le meilleur de son temps et font de lui un polichinelle articulé. Mais en échange il recueille l'admiration de la foule et, plus tard, il trouve, pour le pousser dans la carrière qu'il embrasse, les plus puissantes protections. Point n'est, en effet, nécessaire d'être intelligent et travailleur, quand on a porté la casquette, l'écharpe et le *Bierzipfel* (breloque aux couleurs de la corporation). On fait, désormais, partie d'une Association d'assistance mutuelle, d'une sorte de franc-maçonnerie accapareuse, dont les membres sont solidaires les uns des autres.

Une fois de plus, l'Allemagne, patrie d'élection de l'esprit de castes, triomphe dans l'étudiant arriviste, orgueilleux et guindé.

LE SOUS-OFFICIER

Un humble, mais le grand artisan de
la puissance militaire de l'Allemagne.

Il porte l'uniforme huit ou douze ans
et connaît admirablement son métier.

Tous les postes de fonctionnaires subalternes lui sont réservés. Les municipalités elles-mêmes ne peuvent prendre
à leur service que d'anciens rengagés.
Les 83.000 sous-officiers de l'armée allemande sont donc sûrs de trouver un emploi rémunérateur, quand ils rentreront
dans la vie civile.

Tous n'ont peut-être pas la vocation
des armes ; mais tous s'appliquent également à mériter l'estime de leurs chefs,
pour arriver sans accident au bout de
leur stage obligatoire.

Le sous-officier ne peut jamais obtenir

un grade supérieur à celui de sergent-major. Entre la caste des officiers et la sienne il y a une cloison étanche. Il s'y résigne facilement dans l'attente des compensations futures. Il est d'ailleurs bien traité, touche une solde suffisante et peut se marier. Les jeunes lieutenants eux-mêmes lui témoignent un certain respect et ne se font pas faute d'en appeler à son expérience.

Le soldat le redoute ; car le sous-officier est par tempérament et par tradition d'une excessive brutalité. Pour se faire obéir, le sergent allemand emploie les plus grossières injures et ne recule pas devant les plus mauvais traitements. Les journaux satiriques d'outre-Rhin sont remplis de ces « Fleurs de style de caserne », où la sauvagerie native de ces brutes galonnées se donne libre cours. A la tribune du Parlement, les députés socialistes peuvent chaque année rapporter les scènes répugnantes de torture dont les casernes ont été le théâtre. Le sous-officier est en effet un tortionnaire prodigieux. Il n'est pas de supplice ou douloureux ou dégradant qu'il n'imagine pour faire du soldat un être sans dignité et sans volonté.

Pour éviter les éclats de sa colère, les recrues se soumettent aux plus grandes privations. Quand leurs parents leur envoient des colis de charcuterie ou d'autres « délicatesses », ils offrent la dîme au sergent qui ne se fait aucun scrupule de l'accepter ; car, dans la vertueuse Allemagne, le backschisch est partout à l'ordre du jour.C'est peut-être pour cela qu'Allemands et Turcs s'entendent si bien.

Le volontaire d'un an est la bête à bon Dieu du sous-officier car sa bourse est bien garnie. Dès qu'il arrive au régiment, il essaye de se renseigner sur les « besoins » de son sergent et il y pourvoit largement. S'il est généreux à souhait, il obtient toutes les permissions, est dispensé de toutes les corvées, peut changer à son gré d'ordonnance. S'il refuse d'acheter un piano à Madame la « sergente », son année de service devient particulièrement pénible, bien que son préposé s'abstienne vis-à-vis de ce bourgeois cossu de toute persécution systématique trop visible. Il n'y a donc pas lieu de s'étonner si son court passage à la caserne coûte aux parents du volontaire de 5 à 10.000 francs.

De ce que le sous-officier soit brutal jusqu'à la sauvagerie et qu'il mette ses services à prix, il n'en résulte nullement qu'au point de vue du métier, il ne donne pas pleine satisfaction à ses chefs. Il représente dans l'armée l'esprit de tradition, il possède la routine du métier, il a une tenue impeccable, il tient admirablement ses hommes en main. Du matin au soir les chambrées et les cours de la caserne sont remplies des éclats de sa voix. Les soldats se savent constamment surveillés par son œil fureteur. L'officier vit loin d'eux ; ils ne le voient que rarement. Le sergent est constamment là,

toujours soupçonneux, souvent malveil-
lant, qui distribue avec prodigalité les
jours de consigne pour la moindre infrac-
tion aux réglements. Il faut avoir assisté
aux exercices de désarticulation qui sont
nécessaires pour apprendre à des recrues
campagnardes à exécuter un pas de parade
impeccable, pour se rendre compte du
soin méticuleux que le sous-officier apporte à l'accomplissement de ses devoirs
professionnels. Et quelle précision il obtient dans les mouvements d'ensemble
par ses hurlements, ses injures et les coups
qu'il prodigue ! Il s'époumone, se démène,
sue à grosses gouttes jusqu'à ce que dans
toute l'escouade les jambes, les bras, les
torses, les nuques et les fusils soient alignés
au cordeau, même dans la marche. L'obéissance passive, l'automatisme absolu, voilà ce
qu'il exige du soldat qu'il doit former et qu'il
réussit bientôt à complètement abrutir.

On a été surpris des pertes énormes que
l'armée allemande a subies depuis le début

des hostilités, parce qu'elle n'abandonnait qu'à la dernière minute et comme à regret les formations serrées. Et pourtant, étant donnés les procédés d'entraînement de ses soldats, cette tactique se justifie. Le sous-officier n'a rien fait pour développer chez ses hommes l'esprit d'initiative. Au contraire il s'est toujours appliqué à le détruire. Il est sûr d'obtenir le maximum de rendement tant qu'il pourra exercer une action directe sur ceux qui sont habitués à se laisser conduire comme un vil troupeau ; mais il se méfie à bon droit de gens qui ne savent plus se diriger eux-mêmes.

Quand il quitte l'armée, le sous-officier devient fonctionnaire subalterne, reste discipliné, et pourtant, au cours des dernières années, il a beaucoup perdu de son ancienne valeur. A la veille des énormes augmentations des effectifs de paix et de l'élargissement considérable des formations de réserve, il a fallu se montrer moins exigeant dans le choix des candidats. Les commandants de corps se plaignaient amèrement de l'affaiblissement de l'esprit militaire chez les sous-officiers, dont beaucoup (ombre du grand Frédéric, voile-toi la face !) passaient pour avoir des opinions très avancées. De plus, la presse et le Parlement surveillaient avec plus d'attention ce qui se passait derrière les murs des casernes et les jeunes soldats socialistes ne se faisaient pas faute de leur fournir des indications précieuses. Le vieux sous-officier prussien était donc en train de passer à l'état de légende.

Il est, en tout cas certain que les petits fonctionnaires allemands fournirent un appoint assez considérable au parti révolutionnaire lors des dernières élections. Les conservateurs s'en montrèrent très alarmés. Et ils avaient raison de trembler pour l'avenir ; car le jour où la Prusse n'aura plus son sous-officier modèle, que restera-t-il de son passé glorieux et de ses folles espérances ?

LE PANGERMANISTE

Avocat, commerçant, industriel ou professeur, le membre de la Ligue pangermaniste est par nature pontifiant. Il ne parle de la plus grande Allemagne qu'avec un enthousiasme presque religieux.

Il y a un demi-siècle les Allemands n'avaient pas conscience de leurs hautes destinées. Attachés aux mesquines traditions d'un honteux particularisme, ils étaient groupés autour de princes grotesques, qui servilement copiaient les mœurs des cours étrangères. Heureusement que les intellectuels des universités veillaient. Le feu sacré couvait dans les augustes foyers de l'« Alma mater ». Et quand les grandes guerres de 1866 et de 1870 eurent confondu le sang de tous ces peuples asservis, l'idée impérialiste germa tout naturellement sur le sol de l'antique Germanie.

Hélas ! l'œuvre régénératrice n'est pas encore terminée. D'autres peuples germaniques souffrent et gémissent sous le joug de l'étranger, conscients d'appartenir à la race supérieure et prédestinée, mais incapables de s'affranchir seuls d'une domination odieuse.

Provinces russes de la Baltique, Germains de Hongrie, Allemands de Suisse, Flamands et Hollandais, autant de frères que l'Allemagne se doit à elle-même de reconquérir.

Est-ce tout ? Non. Il y a des Allemands bâtards qui ont oublié leurs nobles origines et qui sont fiers de leur servitude. Descendants des Francs ripuaires, des Gots et des Visigoths, ils se sont croisés avec les Latins ; mais ils n'en ont pas moins du sang germain dans les veines.

Les savants pangermanistes pèseront donc ce sang au compte-goutte. Généalogistes, qu'aucun obstacle ne décourage, ils découvriront les plus lointaines filiations ; car de l'établissement incontestable de l'auguste descendance on pourra légitimement établir les droits de la plus grande Allemagne sur de riches héritages : Ile de France, Algérie, Maroc, Bohême, Hongrie, Danemark, Grande-Bretagne.

Et puis, il y a les pays de colonisation. Si les Etats-Unis sont si prospères, c'est parce que 13 millions d'Allemands y ont apporté leur génie créateur et leurs prodigieuses méthodes. La colonie du Cap doit également sa prospérité aux émigrés allemands. Que serait Constantinople sans l'apport considérable de l'esprit d'entreprise des Germains ? Au Brésil, deux provinces prospères appartiennent déjà entièrement au colon allemand. Partout où la langue allemande est parlée, le pavillon de l'Empire devra flotter un jour.

Voilà la théorie ethnique du pangermanisme. Voici maintenant sa théorie économique.

Les peuples à faible natalité n'ont aucun droit à posséder le sol. Par contre, les nations qui étouffent dans leurs frontières, parce qu'elles ont beaucoup d'enfants, peuvent et doivent occuper tous les pays neufs. La population de l'empire augmente annuellement de 800.000 têtes. Donc toutes « les colonies à peuplement » lui reviennent avec leurs richesses encore inexploitées. Il est vraiment scandaleux que l'Angleterre et la France détiennent de si vastes domaines coloniaux et tentent même de les agrandir, alors que leur population est stationnaire. L'Allemagne, au contraire, pourrait facilement écouler le trop-plein de ses territoires encombrés dans ces vastes espaces. Il faut donc proclamer la déchéance des autres nations et décréter son droit incontestable à la domination du monde.

Et puis il y a encore d'autres motifs,

ceux-là d'ordre physiologique et psychique pour prouver que l'Allemand est le maître du monde. La race germanique est incontestablement supérieure à toutes les autres. Le Français léger, l'Italien abâtardi, l'Anglo-Saxon dépourvu de tout idéal, le Slave barbare ne sauraient se comparer, même de loin, à l'Allemand probe, énergique, poète, musicien et artiste, auquel l'Occident est redevable de toute sa civilisation et des progrès réalisés dans tous les domaines. Même physiquement, le descendant des Germains l'emporte de beaucoup sur les représentants de toutes les races dégénérées. Il est grand, fort, souple, ses traits sont empreints à la fois de grâce et de majesté. Il est vrai qu'il n'a pas toujours su se préserver des funestes croisements ; mais la vitalité de la souche primitive est telle que toujours ses qualités maîtresses finissent par refouler ces éléments disgracieux. Le blond aux yeux bleus est marqué du signe des conquérants. L'avenir indubitablement lui appartient.

Ne vous imaginez pas que j'exagère. Toutes ces folies et bien d'autres encore, se retrouvent dans les manuels populaires des pangermanistes et également, hélas ! dans les publications scientifiques de l'association. Les brochures de propagande où on les expose à grand renfort d'arguments funambulesques, sont signées par des avocats, des professeurs d'université, des écrivains de marque, en tant qu'on peut parler de littérateurs dans un pays où depuis le siècle des grands classiques il n'y a plus que des écrivassiers dépourvus de tout génie. Les étudiants, les élèves des lycées répètent toutes ces sottises en les grossissant encore, avec la suffisance inconsciente de leur âge. Les masses populaires en sont pénétrées.

Comme leur politique, la science historique des Allemands s'étaie sur le mensonge. Toutes les gloires du passé sont allemandes, la courbe des destinées heureuses ou malheureuses de l'humanité suit celle des fluctuations de l'esprit germanique. Les vertus sont allemandes, les arts sont allemands, le génie ne saurait se découvrir ailleurs que chez les descendants des héros de la Walhalla.

D'où la conclusion suivante : la race allemande est appelée à dominer le monde. En attendant l'Allemand a partout tous les droits et les races inférieures n'ont que des devoirs. L'Allemand ne doit parler que sa propre langue et en imposer l'usage aux autres peuples. Il ne doit acheter que des marchandises allemandes et contraindre les autres, par la ruse ou par la force, à en acheter. Il faut qu'il s'insinue partout pour organiser la pénétration qui préparera l'occupation définitive. A l'étranger il reste le pionnier conscient et volontaire, qui crée des associations reliées à la métropole, qui propage la culture nationale et se garde de toute dangereuse compromission avec une population trop hospitalière. L'empire lui assure la plus large protection. Qu'il en fasse un abondant usage pour étendre la sphère d'influence de son pays. Même si de dures nécessités le contraignent à accepter une nationalité étrangère, il demeure de droit allemand.

Lisez ces brochures pangermanistes qui ont été répandues à des millions d'exemplaires dans toute l'Allemagne. Je ne vous en ai donné qu'un résumé succinct et terne, comme une table des matières. Les phrases en sont incendiaires, les arguments noyés dans des tirades passionnées. Voilà comment a été formée par une poignée d'énergumènes la mentalité des soldats qui ont bombardé Louvain et Reims, de ceux qui assassinent les non-combattants, des barbares qui détruisent tout sur leur passage afin de bien établir la supériorité rayonnante de la culture allemande !

LE DEPUTÉ

Un monsieur qui, s'il n'appartient pas
au comité de son groupe ou plutôt n'est
pas un des deux ou trois grands bonzes
qui le dirigent, se rend parfaitement
compte de son insignifiance.

Pourquoi l'a-t-on choisi ? Parce qu'il
avait du temps à perdre, qu'il était avocat sans cause, médecin sans clients,
agronome amateur. On l'a cherché à
Bonn pour le faire élire à Kœnigsberg, ou
à Berlin pour le présenter dans une circonscription de Silésie. L'homme n'est
rien, le parti est tout dans cette Allemagne, patrie de la discipline rigide. Que
le candidat ait du talent ou qu'il en soit
complètement dépourvu, il obtiendra le
même chiffre de suffrages.

On vote pour un programme qui est et

doit rester impersonnel. Les chefs de groupe tiennent d'ailleurs à s'entourer de médiocrités dont ils font contrôler rigoureusement l'obéissance passive par les organisations locales.

L'élu n'est donc pas plus fier que cela de son succès. Dès son arrivée à Berlin, il va humblement présenter ses hommages au président de sa fraction qui lui assigne sa place et lui indique son ordre du jour : séance de commission de 10 heures du matin à 1 heure, séance plénière de 1 heure à 7 heures, séance de fraction de 8 heures à 10 heures du soir.

Les sièges des commissions n'appartiennent pas aux députés ; mais aux groupes, qui en modifient la composition à leur gré. Le député chemine donc d'une commission à l'autre suivant les caprices de son chef. Rarement on tient compte de ses préférences ou de ses aptitudes. Il va où on l'envoie et vote sur ordre.

En séance plénière, l'usage veut que les

fractions délèguent successivement, **et**
dans l'ordre de leur importance numérique, un orateur pour chaque question
discutée. Si un deuxième ou un troisième
tour est nécessaire, le même roulement
est maintenu. Les chefs de groupes se
réservent tous les discours importants.
Le député moins connu n'arrive donc jamais à prendre la parole. Tout au plus
tolère-t-on qu'il ânonne quelques mots
sur la construction d'une caserne ou sur
l'attribution d'une subvention locale.
Encore lui est-il rigoureusement enjoint
de ne pas dépasser les cinq minutes ré-
glementaires. Le bonhomme est inexistant
pendant la discussion. Il ne redevient
quelqu'un qu'au moment du vote et encore.
En effet, quand les huissiers s'apprêtent
à faire circuler les urnes, le chef de fraction agite au-dessus de sa tête un bulletin
blanc *(oui)*, rouge *(non)* ou bleu *(je
m'absliens)*. Cela équivaut à un commandement. Tous les membres du groupe

prennent immédiatement dans leur boîte
un bulletin de la même couleur, et, pour
bien montrer qu'ils ont compris, ils l'élè-
vent à leur tour à bout de bras. Souvent les
malheureux ne savent même pas de quoi
il s'agit. Ils font néanmoins crédit de leur
confiance aux maîtres qu'ils se sont donnés. Et puis, mal leur en prendrait, s'ils
agissaient autrement ; car on les citerait
immédiatement devant le grand sanhé-
drin du parti et ils seraient menacés d'ex-
pulsion et de déchéance.

Le député n'a même pas la permission
de quitter le palais parlementaire. Une
surprise est toujours possible, il faut dès
lors que toutes les troupes restent dans
les tranchées. Le malheureux cherche
donc à tuer le temps, comme il le peut,
traînant son ennui de la salle de lecture
à la buvette et de la grande galerie au
hall de gymnastique, car au Reichstag,
on peut se refaire les muscles dans un
local où des appareils compliqués sont

mis à la libre disposition des goutteux et des rhumatisants. Dès que la sonnerie spéciale des votes par assis et levé ou la sirène des votes nominaux se fait entendre, c'est à travers tous les couloirs une course folle vers la salle des séances, qui se vide de nouveau dès que les suffrages ont été recueillis.

Le soir, à la séance de fraction, le député est condamné à entendre ses chefs lui exposer ce qu'ils diront le lendemain. On ne lui demande pas son avis et on le regarde de fort mauvais œil s'il se permet quand même de le donner. Il n'est d'ailleurs pas dans le secret des dieux, il ignore tout des négociations qui ont lieu entre les grands diplomates des groupes et le gouvernement. Dès lors, il n'a qu'à s'incliner devant des décisions dont il ne conçoit pas les motifs, mais qu'il a le devoir d'admirer et d'adopter quand même. Il se range, faute de mieux à l'avis de la majorité et, dès lors, il est lié et ne peut plus se soustraire à l'obligation d'observer le mot d'ordre au moment du vote en séance plénière.

Est-il surprenant, dans ces conditions, que le député allemand en vienne à s'accommoder de cette vie de paresse et d'effacement ? A quoi bon lire les projets de lois et les rapporter, pourquoi discuter les questions à l'ordre du jour ? D'autres pensent et agissent pour lui. Il n'a qu'à les suivre.

Une seule chose l'intéresse : les intrigues de coulisses. Grâce à de savantes manœuvres, son parti arrivera-t-il à rouler la concurrence et à capter les bonnes grâces du chancelier ? L'électeur n'existe plus pour le député allemand. Toute la vie nationale tient dans les rivalités des groupes qui se jalousent férocement.

Un dernier coup de crayon. Le vulgaire député (il y en a 350 sur les 398 membres du Reichstag) n'a pas de rapports personnels avec le chancelier et les secrétaires

d'Etat, qui n'honorent de leur amitié
que les chefs de groupes. On n'admet
pas davantage qu'il fréquente les collègues influents des autres fractions. Ses
chefs le chambrent afin de mieux le dominer. Et ce représentant du peuple
accepte docilement toutes ces humiliations. Il lui arrive de s'en plaindre quelquefois, mais combien discrètement ! Ah !
que la discipline est donc une belle chose

LE JOURNALISTE

On devient prosateur, mais on naît
poète. Le journaliste allemand n'est rien
devenu ni de naissance, ni de formation.
Il abat des lignes, comme une corneille
abat des noix. Lire un journal de Berlin
ou de Francfort, quel supplice ! On devine,
à parcourir ces colonnes d'aspect mono-
tone, où d'ennuyeuses dissertations sont
à peines coupées par quelques polémiques
acrimonieuses et dépourvues d'esprit, que
les bonshommes qui les ont rédigées souffrent d'un pédantisme aigu, mais sont
dépourvus de toute invention.

Pas de fines et sautillantes chroniques,
pas de reportage sensationnel, pas de
fantaisies amusantes ; mais d'un bout à
l'autre des banalités exprimées en un langage ou vulgaire, ou boursouflé, et des

explosions de fureur qui se traduisent en grossières injures et en basses calomnies.

Les communiqués de l'agence Wolff ont provoqué de la stupeur depuis le début des hostilités. Et pourtant la presse allemande ne fit jamais autre chose que mentir, mettons, si vous le voulez, colorer la vérité.

Le journaliste allemand ne s'appartient pas. Il appartient d'abord à la nation et puis à son parti. En règle générale, il ne signe pas ses articles, parce que son nom, presque toujours inconnu, ne donnerait aucune autorité à sa prose et puis parce qu'il peut mieux calomnier sous le voile de l'anonymat. Juriste manqué ou ancien secrétaire d'un Syndicat ouvrier, professeur ou petit fonctionnaire congédié, il ne jouit d'aucune estime et travaille pour un salaire dérisoire. Rarement des hommes politiques de marque consentent a écrire sous leur signature dans les grands journaux. Quand ils le font, c'est

presque toujours pour y soutenir une **thèse**
philosophique ou économique qui les
écarte au lieu de les rapprocher du public ;
car ces messieurs croiraient déroger en
faisant de la vulgarisation.

Le rédacteur est donc une sorte de do-
mestique, qui reçoit des ordres et des ho-
rions de tout le monde, du gouvernement,
du procureur et de la direction de son
parti. Ses articles sont, en effet, soumis
à une triple censure, et malheur à lui
quand le contrôle relève chez lui la plus
légère velléité d'indépendance. A Berlin,
les journalistes sont reçus tous les matins
à la Wilhelmstrasse, où M. Hamman, directeur des affaires étrangères, leur trans-
met souvent lui-même, quelquefois par
l'intermédaire d'un de ses sous-ordres,
la mane officielle. En aucun pays, la
presse n'est en effet plus ignorante en
matière de politique étrangère qu'en Allemagne, où elle est réduite à ne donner que
les renseignements qui lui sont fournis

par le délégué du chancelier. De là cette unanimité dans le jugement, cette concordance parfaite dans les affirmations, qui crée de formidables mouvements d'opinion, produit une impression profonde à l'étranger, mais prouve également que tout esprit d'initiative, tout individualisme fait défaut chez ceux qui prétendent refléter le sentiment populaire.

Même dépendance du journaliste vis-à-vis du parti politique qui l'a engagé. Chaque fraction parlementaire dispose d'une « Correspondance » dont le service est fait à tous les journaux de la même nuance. On y commente les événements du jour, on y donne des statistiques, on y amorce les polémiques. Quand la « Correspondance » crie, toutes les feuilles berlinoises et provinciales hurlent. Elle donne le *la* sur lequel tous les instruments sont immédiatement accordés. Grâce à cette organisation remarquable, la création de petits journaux devient très facile : toute la partie rédactionnelle générale est fournie par la « Correspondance ». Il suffira donc à l'imprimeur de province d'engager un gratte-papier quelconque pour bâcler la chronique locale et il pourra présenter aux lecteurs de province un journal de bonne apparence, qui, en temps d'élections, rendra des services appréciables. Du même coup les chefs de parti disposent en maîtres d'une presse puissante à laquelle ils donnent, sans discussion possible, un impérieux mot d'ordre. Comme par ailleurs, l'Allemagne est la terre promise des annonciers, l'entreprise est bonne. En effet, la dernière feuille de choux du plus petit patelin allemand vit largement de la publicité, même quand elle n'a qu'un nombre très réduit de lecteurs.

Dans ces conditions le rédacteur devient un personnage fallot, qu'on méprise généralement comme un déclassé. Les candidats daignent peut-être, en temps d'élections, l'honorer de leur amitié protectrice ;

mais, d'ordinaire, il ne jouit d'aucune estime et il n'a qu'un rêve, s'évader au plus vite de la galère où les dures nécessités de la vie l'ont relégué. Pour quelques virtuoses fantaisistes, qui, comme Harden, ont su secouer le joug de la médiocrité imposée, les bureaux de presse allemands sont encombrés de plumitifs besogneux, abattant leur besogne journalière comme de simples ronds-de-cuir administratifs. Ces littérateurs de bas étage en viennent à se méfier d'eux-mêmes au point de ne plus penser que par le cerveau de leurs employeurs. Ils tiennent la plume, mais pour traduire en un style amorphe ou rageur, la pensée des autres. Il est dès lors naturel que leurs articles engendrent le plus mortel ennui et que le lecteur se contente presque toujours de parcourir d'un œil pressé les dépêches des agences et les communiqués officiels des partis.

Si d'ailleurs la littérature est absolument absente des journaux allemands, même de ceux qui sont les plus répandus, la violence y règne en maîtresse. La loi pénale a les plus grandes indulgences pour le rédacteur qui injurie son prochain et en médit. Comme par ailleurs le répertoire des mots blessants est particulièrement riche, dans cette langue germanique qui permet de forger tous les jours des expressions nouvelles, les lecteurs friands de grossièretés sont servis à souhait. Le barbare primitif, qui sommeille dans l'Allemand en apparence le plus civilisé, se révèle dans le style acrimonieux et d'une dégradante vulgarité, que les dames des halles trouveraient elles-mêmes excessive. L'adversaire, l'étranger et même le compatriote, est toujours une abominable fripouille, qui, dépourvue de tout idéal, n'obéit qu'aux mobiles les plus égoïstes. On le déshonore donc avant de discuter ses idées ; car la salissure à laquelle on le soumet dispense de lui opposer des raisons plus sérieuses.

C'est ainsi que le journaliste allemand se venge des humiliations que son métier lui impose. Il n'est pas l'éducateur des masses, mais l'exécuteur des hautes et basses œuvres de ses maîtres. Dépourvu de dignité professionnelle et presque toujours aussi de talent, il n'a d'autre satisfaction que de passer sa colère sur les ennemis de son pays et les adversaires de son parti politique. Quelques louables exceptions ne font que confirmer cette règle générale. L'Allemagne militarisée a réussi à domestiquer même la presse et là, comme partout ailleurs, elle a créé l'uniformité dans la médiocrité la plus désespérante.

HERR COMMERZIENRATH

Un brave homme, qui a passé jusqu'ici toute sa vie à gagner beaucoup d'argent. En fabricant des machines ou en vendant du drap, il s'est fait une situation enviable. Il jouit de l'estime de ses concitoyens, il appartient au conseil municipal, le directeur d'arrondissement accepte ses invitations ; mais il lui manque encore un ruban à la boutonnière et un titre ronflant à étaler largement sur ses cartes de visite.

Quand il fait sa tournée chez ses gros fournisseurs et chez ses clients de marque, il est soumis à toutes sortes de petites humiliations : « M. Muller, qu'est-ce que c'est qu'çà ? » entend-il dire au patron quand on l'annonce.

Evidemment, M. Muller, bien que passant pour avoir un gros compte créditeur à la Banque d'Empire, n'est rien dans un pays où les titres sont tout.

Quelquefois le cas de ce bon M. Muller se complique. Il est israélite et les conservateurs allemands, qui forment le dessus du panier de la société prussienne, passent à bon droit pour des antisémites féroces, bien qu'ils ne dédaignent pas toujours de redorer leur blason en épousant une juive hâtivement baptisée.

M. Muller n'a donc plus qu'une ambition, se procurer à n'importe quel prix le titre qui, brusquement, l'élèvera au-dessus du milieu grouillant où il se confond avec la plèbe anonyme.

Que faire ? Les titres nobiliaires autrichiens sont bien démodés ; car on en connaît le tarif, qui n'est pas très élevé. L'Ordre de la Couronne orne la poitrine de tous les instituteurs retraités, et l'Aigle rouge de 4e classe, celle de tous les maires de village.

Reste le « Commerzienrath », ce « conseiller du commerce », si envié, qui classe immédiatement celui qui peut s'en parer dans l'aristocratie industrielle et commerciale. On devient « conseiller de justice » à l'ancienneté, et « conseiller du commerce » au choix. Muller fera les pires bassesses pour le devenir. Il ne votera plus que pour les candidats officiels, il encombrera sans cesse les antichambres gouvernementales, il tiendra table ouverte et le champagne, dont ses caves sont abondamment pourvues, y attirera quelques officiers besogneux. On trouvera sa grosse cotisation sur toutes les listes de souscription des sociétés patriotiques, il fera partie de la Ligue de l'armée, de la Ligue de la marine, de la Ligue pangermaniste. Dans sa maison il sera sévèrement interdit de critiquer le chancelier, le Landsrath, voire même le cantonnier. Le portrait de l'empereur et des princes s'étalera sur tous les murs de sa maison. Des cadeaux discrets seront répartis entre les fonctionnaires

dont l'appui pourrait être de quelque utilité.

Enfin, le jour tant attendu arrive. Le
président de la province a, entre la poire
et le fromage, laissé tomber distraitement
la question :

— Pourquoi donc n'êtes-vous pas encore
Commerzienrath, mon cher ami ?

— Mais je me le demande également
quelquefois, répond avec candeur l'honorable industriel.

— Vous ne vous doutez peut-être pas
que pour ouvrir la cassette où se trouve
ce titre envié, il faut une clef d'or.

— Je suis prêt à faire tout ce qu'on
exigera de moi.

— On n'exigera rien. Je me bornerai
à vous faire remarquer que S. M. l'Impé-
ratrice a ouvert une souscription pour la
construction d'un temple et d'un hôpital
modèle. Je ne crois pas trop m'engager
en vous affirmant que si vous versiez, par
exemple, cinquante à cent mille marks

à cette souscription, notre gracieuse souveraine chercherait les voies et moyens de vous en marquer sa reconnaissance, et alors je serais là pour *lui* faire suggérer... Vous me comprenez, n'est-ce pas ?

Muller a compris. On lui avait vaguement parlé de titres achetés ; mais il avait la naïveté de n'y pas croire. Sa résolution est cependant prise rapidement. La somme est forte ; mais elle est aussi d'un bon rendement. Le chiffre d'affaires de M. le conseiller du commerce doublera et puis les concurrents en feront une maladie.

— Veuillez, s. v. p., faire savoir à Sa Majesté que je la prie, « Elle la plus gracieuse de toutes », d'accepter mon humble obole. Je souscris pour 75.000 marks.

Et le tour est joué. Le fonctionnaire passe à la caisse et quinze jours plus tard, Muller obtient son diplôme.

M. le conseiller reçoit, fièrement campé, devant son bureau, les hommages de ses

employés et les félicitations de ses amis.
Il commande un millier de cartes de visite
où le *Commerzienrath* s'étale en lettres
très larges, et dorénavant il ne tolérera
plus qu'on lui adresse la parole, même dans
l'intimité, sans le gratifier de son titre..
Telle est d'ailleurs la puissance magique
de ces quelques syllabes, que les fournisseurs se feront gloire de compter un personnage aussi illustre parmi leurs clients
et que les collègues de l'industriel se croi-
ront trop honorés quand il daignera
s'asseoir à la même table qu'eux. Du jour
au lendemain, M. Muller est devenu le
« phénix des hôtes de ces bois ».

Voilà ce qu'est devenue l'Allemagne des
penseurs et des philosophes.

HERR RECHNUNGSRATH

Le jour vint où, dans tous les bureaux d'Allemagne, le bataillon sacré des scribes mit ses porte-plumes en bataille et menaça le gouvernement d'une grève redoutable :

— Nous sommes bien payés, déclarèrent les secrétaires de tous poils, puisque nous arrivons à des traitements que nous envieraient des juges français (6.000 m. = 7.500 fr.) ; mais ce n'est pas l'argent, c'est l'honneur qu'il nous faut. On nous dédaigne, nos femmes ne sont pas reçues aux « réunions de café au lait » des bourgeoises, nous-mêmes, nous ne pouvons pas fréquenter dans les brasseries où se réunissent les fonctionnaires supérieurs. Nous allons nous mettre en grève si on ne nous donne pas la possibilité d'arriver au titre de conseillers.

Conseillers ? C'était là une bien grosse distinction pour d'anciens sous-officiers rengagés, qui avaient passé leur vie à copier des minutes et à faire des expéditions dans les bureaux administratifs. L'Allemagne, ne l'oublions pas, est le pays des castes. Chaque étage de ce gratte-ciel se défend avec âpreté contre l'envahissement de son domicile par les locataires de l'étage inférieur. Que diraient les conseillers de justice, les conseillers de gouvernement et les conseillers de commerce si on leur donnait pour collègues de simples ronds-de-cuir ?

Et pourtant, on fut bien contraint de céder. Seulement une autre difficulté surgissait. Les scribes voulaient être conseillers ; mais conseillers de quoi ? L'Allemand n'est jamais longtemps embarrassé quand il s'agit de découvrir un nouveau filon dans la mine des titres et décorations. Et c'est ainsi que surgirent les conseillers de chancellerie, premier degré de la hiérarchie honorifique des gratte-papier, et le conseiller de calcul, degré supérieur.

« Rechnungsrath, conseiller de calcul », c'est une trouvaille. On n'a pas le sens de l'ironie de l'autre côté du Rhin. En Alsace-Lorraine, où on l'a gardé, malgré un détestable voisinage, on se tord de rire quand un de ces gros et prétentieux paperassiers exige qu'on lui donne des « conseiller de calcul » gros comme le bras.

Les scènes les plus invraisemblables se produisent d'ailleurs dans les bureaux. Un assesseur de justice, qui remplit les fonctions de juge suppléant, se voit obligé de demander à M. le conseiller, son secrétaire, de lui donner la copie d'un jugement. A la préfecture, un vagabond vient prier M. le conseiller de lui délivrer un permis de séjour. C'est encore à M. le conseiller que le mastroquet du coin présentera une requête pour pouvoir laisser son comptoir ouvert au delà de l'heure légale à l'occasion d'une fête patriotique.

L'humilité des fonctions et la pompe du titre forment un contraste ébouriffant. Cela n'empêche pas le scribe promu conseiller de chancellerie et de calcul de se rengorger et d'accabler de son incomparable, de son écrasante supériorité, ceux dont hier encore il partageait l'obscure insignifiance. Il sait que telle est la majesté du qualificatif que ses collègues l'entoureront dorénavant de basses prévenances et que ses supérieurs eux-mêmes ne lui adresseront plus la parole qu'avec une déférence presque servile.

Il faut voir comme le conseiller de calcul se transforme du jour au lendemain, après avoir reçu, le dos plié en deux, des mains de son chef, le parchemin objet de toutes ses convoitises. Il cercle d'or ses lunettes, il soigne sa tenue, il ne marche plus que

d'un pas grave et solennel, il parle avec
une majestueuse lenteur. Avant d'exiger
le respect des autres, il se respecte lui-
même. N'est-il pas devenu la châsse pré-
cieuse qui renferme une incomparable
relique ? Sa femme et ses enfants le vé-
nèrent. Madame la conseillère ne s'abaisse
plus aux vulgaires services du ménage,
elle ne va plus au marché qu'accompagnée
de sa bonne, elle trie soigneusement ses
relations, elle parle du bout des lèvres
et minaude. On est de l'étage supérieur
et quand on passe devant les portes des
locataires moins fortunés, on ignore les
amis de la veille ou on reçoit, avec une
pointe de mépris, leurs humbles hommages.

J'ai connu intimement un de ces êtres
grotesques. Simple secrétaire, il était cour-
tois, serviable, empressé. Il ne dédaignait
pas les menus cadeaux que ses obligés
lui offraient secrètement. Du jour où
un mauvais destin voulut qu'à force de
platitudes il obtînt le titre de conseiller,

il devint le fonctionnaire le plus insupportable, le plus prétentieux, le plus hérissé que la terre allemande eût jamais porté. Des amis qui le tutoyaient il exigea les formules les plus protocolaires de politesse, il ne consentit plus à s'asseoir à la table de brasserie où, auparavant, il vidait tous les soirs une dizaine de chopes en joyeuse compagnie. Comme, malgré son titre, les fonctionnaires supérieurs ne consentirent pas à lui faire place à leur table réservée (*Stammtisch*) il vécut dans la solitude, conscient de la dignité qui l'empêchait de se mêler à la foule vulgaire. Sur son passage, les Alsaciens souriaient et haussaient les épaules. Les immigrés, au contraire, comprenaient les scrupules de ce détraqué ; car tous ils les partageaient. Un conseiller de calcul ne serait-il pas déshonoré s'il s'entretenait familièrement avec un simple expéditionnaire, comme l'officier qui fraterniserait avec ses hommes ?

On a le culte de la hiérarchie ou on

ne l'a pas. Le conseiller de calcul est le sergent qui a été promu général d'un seul coup, c'est le roturier que la faveur impériale a brusquement anobli, c'est le pauvre diable qui a hérité un beau matin des millions d'un oncle d'Amérique. D'une enjambée il a gravi plusieurs degrés de l'échelle sociale. Chapeau bas, Mesdames et Messieurs, devant ce produit prodigieux de la bureaucratie allemande.

Tout de même vous ne l'auriez pas trouvé tout seul ce titre d'opérette : conseiller de calcul !

LE DANDY

Berlin n'a pas de salons. Les réceptions sont peu nombreuses à la cour, surtout depuis qu'au vieil empereur *(greise Kaiser)* et au sage empereur *(weise Kaiser)* a succédé l'empereur voyageur *(reise Kaiser)*. Les hobereaux de l'Elbe, cette vieille noblesse, qui fournit à la couronne prussienne ses meilleurs soldats, ses diplomates les plus malhabiles et ses fonctionnaires les plus traditionalistes, est trop décavée pour mener grand train. Or, plus les agrairiens à blason sont pauvres, plus ils s'obstinent à éviter tout contact avec les commerçants et les industriels, qui forment l'aristocratie de l'argent. Les deux sociétés vivent l'une à côté de l'autre sans se compénétrer, malgré les tentatives de rapprochement qui s'opèrent le long de

leurs frontières sous forme de mariages
entre bourse et armorial.

Les gros bourgeois donnent bien quelques fêtes ; mais si leurs soirées ne manquent pas d'éclat, le cercle des invités est
toujours limité. On voisine, on ne reçoit
pas.

L'empereur Guillaume avait, il y a
quelques années, voulu imposer aux Berlinois la promenade au bois. Le Thier-
garten, avec ses larges allées, semblait
se prêter à cet étalage d'élégances dont
le Bois de Boulogne a jusqu'ici le monopole. Hélas ! le fiasco fut complet. Dès
le premier jour, on vit défiler sous les
ombrages de la grande promenade, des
fiacres si miteux, des guimbardes si anté-
diluviennes derrière quelques rares équipages, que l'entreprise impériale dut être
abandonnée. Les petites bourgeoises de
Berlin avaient presque seules répondu à
l'appel de leur gracieux souverain et leurs
invraisemblables toilettes avaient donné

à la parade les apparences d'un véritable
carnaval.

Si Berlin n'a ni salons, ni voitures de
maîtres, il peut du moins s'enorgueillir
de compter des restaurants luxueux à la
douzaine et à la grosse. Les élégants se
donnent rendez-vous dans ces vastes locaux, où le stuc et l'or mettent un cadre
éblouissant autour de leurs plaisirs. C'est
là, et dans la Friedrichstrasse, cette rue
interminable, mais étroite, qu'il faut chercher le dandy prussien, cet être déconcer-
tant, bizarre assemblage de raffinement
et de candeur, où la barbarie native reparaît toujours à un moment donné sous le
vernis d'une civilisation faisandée.

Les représentants de la noblesse inter-
nationale, chez lesquels se sont maintenues
les bonnes manières, ne se mêlent pas à ce
public de vulgaires noceurs. Ceux-ci appartiennent surtout aux familles rapidement enrichies, qui, sans apprentissage,
veulent mener la grande vie, telle que la

leur ont décrite les romans parisiens de deuxième ordre et les larbins montmartrois engagés à salaires fabuleux. Pour ces parvenus, l'élégance parisienne est le rêve ; mais où donc sont-ils allés chercher le Paris qu'ils s'appliquent à singer ? Les héroïnes de Maupassant elles-mêmes se scandaliseraient de cette crapuleuse falsification.

Un menu fait tout récent nous montrera comment l'Allemand se représente la Ville-Lumière. Une agence berlinoise avait organisé un voyage de cinq jours à Paris, exclusivement pour des touristes appartenant à la magistrature et au barreau. Le programme était très chargé. Si les journées devaient être occupées par la visite des monuments de la capitale française, une seule soirée avait été retenue pour un spectacle théâtral. Or je vous donne en cent et en mille à deviner dans quel local ces graves juristes allemands devaient la passer... Au Moulin-Rouge.

s'il vous plaît. Evidemment ces messieurs, dont les organisateurs de l'excursion connaissaient si bien les goûts et les inclinations, ne devaient pas manquer, après leur retour, de fulminer contre l'abominable corruption´ de la Babylone moderne.

La Ninive des bords de la Sprée copie donc, et elle copie fort mal, les mœurs de la Butte. Le dandy berlinois se lève très tard. Il s'habille avec la constante préoccupation de l'excentricité. L'été dernier, par exemple, il avait adopté la mode de ces cols à la Robespierre (en allemand : Schillerkragen) qui découvrent largement le haut de la poitrine, comme aussi l'usage américain de marcher la tête nue, en fixant son chapeau à la boutonnière gauche de l'habit à l'aide d'une pince « brevetée ». L'arbitre de l'élégance portait dans une main une énorme canne, de bois très ordinaire, mais dont la poignée ciselée servait... d'étui à cigarettes. Dans l'autre main, il tenait la laisse au bout de laquelle gigottait un animal extraordinaire, belette, renard, singe mignon. La police dut interdire à un fantaisiste trop audacieux de promener ainsi un crocodile sur la chaussée encombrée de timides promeneurs. Mêmes singularités tapageuses du côté des femmes avec à peine un peu plus de discrétion.

Le dandy dîne dans un restaurant renommé. Il dérogerait s'il ne commandait pas les plats les plus chers et les mousseux des plus grandes marques. Il fait beaucoup de bruit ; car il tient à être admiré. Sa tenue est négligée, à moins qu'à la table voisine des inconnus ne parlent une langue étrangère ; car, dans ce dernier cas, il éprouve immédiatement une insurmontable sensation de gêne. La peur de commettre un impair l'obsède, il surveille attentivement l'étranger, observe et imite ses attitudes, cherche à pénétrer le mystère de cette correction naturelle et de cette politesse abandonnée qu'il serait si désireux de s'approprier. Ce sauvage mal dégrossi sacrifierait en effet la moitié de sa fortune pour faire disparaître les traces de son origine.

Berlin ne s'anime qu'à une heure très tardive de la soirée. La Friedrischstrasse est surtout vivante après minuit. Les cabarets, lieux de plaisirs dispendieux, n'ouvrent leurs portes qu'à une heure du matin. C'est là que le Berlinois « distingué » se livre à ses distractions favorites. N'insistons pas. Si le Prussien élégant s'habille d'après la mode d'après-demain, il s'amuse suivant les méthodes du Bas-Empire. Les orgies de ces restaurants de nuit défient toute description. Ce peuple n'a pas pu surmonter sa trop rapide crise de croissance. Il a connu la pourriture avant la maturité, ce qui ne l'empêche pas d'anathématiser le vice chez les autres : car telle est l'hypocrisie naturelle de l'Allemand fêtard qu'au moment même où il dépasse en impudeur toutes les nations d'antique culture, il trouve encore dans sa vieille réputation de besogneux à mœurs patriarcales, une raison péremptoire d'accabler le voisin.

L'empereur a plusieurs fois essayé de réagir contre ces folies ; mais il n'a pas réussi à les enrayer, pas plus qu'il n'a pu amener ses jeunes officiers à se montrer plus économes. L'Allemagne jouisseuse de notre temps veut goûter d'un seul coup à tous les plaisirs dont elle fut si longtemps privée. C'est la vieille fille pauvre et dédaignée qui, brusquement arrivée à l'honneur et à la richesse, prend les gorgées doubles et triples à la coupe de la joie ; mais qui, parce qu'elle ne sait pas, s'enivre et en meurt.

LE CALICOT

Type invraisemblable et qu'on ne trouve qu'en Allemagne, particulièrement en Prusse.

Petit employé, à 80 ou 100 marks par mois, il sort d'ordinaire d'un milieu très pauvre et a traîné son enfance dans les ruisseaux des rues de la grande ville. A l'école il s'est montré appliqué. Plus tard, il a suivi les cours post-scolaires où il a péniblement acquis des connaissances professionnelles. Son patron est content de lui, car il est assidu au travail, empressé, obséquieux.

Cependant un rêve, un rêve unique, impérieux, poursuit le jeune homme. Côtoyant l'élégance, ou ce qu'il croit l'être, il observe d'un œil d'envie les officiers, les étudiants, les clients riches qui se pressent devant son comptoir, il étudie leurs gestes, essaye de retenir les bouts de phrases qu'ils échangent, détaille leur costume. Ah ! s'il pouvait leur ressembler ! Il s'y appliquera d'ailleurs de toute son énergie. Tout son salaire, et les petits profits accessoires qu'intelligemment il aura réalisés, seront employés à renouveler sa garde-robe. Il ne sortira plus, le soir et les jours fériés, qu'en impeccable redingote et coiffé d'un soyeux haut-de-forme, les mains gantées de frais, les pieds dans des bottines vernies. Et on le verra déambuler, en société de quelques amis, d'un pas cadencé, tandis qu'il distribuera des coups de chapeaux cérémonieux à des gens qu'il connaît à peine, ou saluera d'un petit geste protecteur les amis de ses parents, si toutefois il ne préfère pas les ignorer.

A la maison, il doit se contenter, pour ne pas trop entamer son budget, de se nourrir de pommes de terre et de pain de seigle, avec un peu de charcuterie ; mais, dans les restaurants, où il s'aventure les premiers jours du mois, il commande, en parlant très haut, des tartines de caviar et une bouteille de vin du Rhin.

Rien de plus amusant que de le voir manger du bout des lèvres, avec de petits airs dégoûtés, et vider son verre en lançant des « Prosit » retentissants. Il a, pendant une heure ou deux, l'illusion d'appartenir à ce que les Allemands appellent « les 10.000 d'en haut », et cette illusion, il la paye volontiers du plus dur labeur et des plus monacales privations.

Paraître ! bluffer ! voilà bien l'Allemand moderne, même celui des classes les plus modestes de la société.

Comme le petit employé, malgré la coupe élégante de son costume, ne peut pas forcer la porte des grands établissements de plaisir, il transporte leurs mœurs d'emprunt dans les locaux plus modestes où il fréquente. Des bals publics sont or-

ganisés dans les grandes brasseries, le
samedi et le dimanche soir. Un étranger
qui s'y égarerait serait **tout** surpris de n'y
voir que des messieurs en habit et des
femmes en toilettes de soirée. Tout ce
monde grouillant salue, minaude, jacasse,
tourbillonne avec la préoccupation visible de ne pas commettre de faute trop
grossière contre les règles du bon ton :
« C'est nous qui maintenant *sont* les prin-
cesses », semblent dire toutes ces petites
ouvrières, et « c'est nous qui *sont* les princes charmants », répondent les calicots.
Car dans toute cette brillante assistance,
il n'y a que des gens du peuple qui veulent
à tout prix paraître des gens du monde.
Spectacle à la fois ridicule et touchant.
L'effort est en effet trop considérable et
bientôt le vieux naturel grossier réap-
paraît.

Cette nation, quand elle savait avouer
sa pauvreté, était forte. Depuis qu'elle
renie ses origines, elle se décompose avec

une étonnante rapidité. L'Allemand a brûlé les étapes de la civilisation. L'adaptation progressive n'a pas pu se faire. De là ces éternels contrastes entre la volonté de renier le passé et l'impuissance à réaliser l'idéal âprement poursuivi. De là également, ces prodigieuses erreurs, dans l'exécution, et cette corruption qui, par snobisme plus encore que par sensualité, a envahi les grandes villes allemandes.

Le calicot berlinois est un personnage symbolique. Il nous fait voir ce qu'il y a d'artificiel, d'incomplet, dans cette trop célèbre « culture » allemande où tout est sacrifié à l'apparence. Une façade, rien qu'une façade en stuc, surchargée d'ornements d'un luxe insolent ; mais qui ne cache que misère et barbarie !

ALLOCUTION

LE SOLDAT-MARTYR

ALLOCUTION PRONONCÉE
EN LA CATHÉDRALE DE BORDEAUX

le Samedi 5 Septembre 1914

Monseigneur,
Mes bien chers frères,

De la chaire chrétienne ne devraient tomber que des paroles de paix, de concorde et de charité.

Tous les hommes sont sortis de la main créatrice du même Dieu, ils sont appelés par Lui à pratiquer les mêmes vertus et à jouir, en conséquence, du même bonheur.

Et pourtant, s'il est de notre devoir d'aimer notre prochain, nous avons également l'obligation de nous élever, de toutes les énergies de notre conscience, contre l'injustice.

(1) Mgr Adam, évêque du Gabon, originaire d'Ammeschwihr (Haute-Alsace).

Dieu déteste le mal, qui est la négation de Sa perfection infinie. Il n'est pas seulement l'infatigable dispensateur de la miséricorde, Il est également le Vengeur et le Justicier.

L'Ecriture le représente sans doute d'ordinaire comme le Père toujours prêt à pardonner à l'enfant prodigue repentant, mais elle Lui donne également le titre menaçant de Dieu des armées.

Et c'est de ce Dieu des armées que les événements tragiques que nous traversons nous amènent tout naturellement à d'abord nous entretenir, à l'heure où, sur les champs de bataille, Il va décider du sort des peuples.

** * **

Dieu a toute l'éternité pour récompenser ou punir nos actes individuels. Voilà pourquoi, dit le Docteur Angélique, Il peut, vis-à-vis de chacun d'entre nous, faire preuve d'une patience presque inlassable.

Quant aux nations, elles n'ont qu'une existence terrestre. Aussi la justice exige-t-elle qu'elles expient leurs crimes collectifs en ce monde.

Cette théorie du plus grand des docteurs de l'Eglise est particulièrement consolante pour nous, en ce moment. En effet le crime collectif, qui fait couler le sang de tant de victimes innocentes, n'a pas été commis par la France.

Votre patrie, mes très chers frères, et vous me permettrez d'ajouter la patrie qui bientôt redeviendra aussi la mienne, n'a pas voulu cette guerre effroyable. Elle a tout fait au contraire pour s'y soustraire. Tout le poids des plus écrasantes responsabilités retombe sur ses odieux agresseurs.

Guerre de pirates d'un côté, guerre simplement défensive de l'autre, tel est le bilan des adversaires d'aujourd'hui dans le grand livre du Juge éternel.

Nous avons donc toute raison d'avoir

pleine confiance dans le prochain avenir, d'autant plus que, placée tout à coup devant les plus cruelles nécessités, la France s'est révélée si forte, si vigoureuse, si chrétienne, que tant de vertus, pratiquées par beaucoup jusqu'à l'héroïsme, compenseront largement devant la Justice divine, les défaillances de la veille.

Le Seigneur eût pardonné à Sodome et à Gomorrhe s'il s'y fût trouvé dix justes; en France, dans la crise actuelle, les justes, c'est-à-dire ceux qui se sont oubliés eux-mêmes pour ne plus penser qu'à l'austère accomplissement du devoir, se comptent maintenant par millions.

L'âme naturellement chrétienne, dont déjà parlait Tertullien, a retrouvé, devant le danger, toutes ses énergies surnaturelles. Quelques courtes, mais néanmoins consolantes constatations vous permettront de l'établir.

*   *
*

L'épreuve a toujours été la grande école des consciences.

N'avez-vous pas cependant été tout surpris, mes frères, quand au cours des dernières semaines, vous avez assisté à la transformation subite et complète de la nation ?

Le clairon a sonné, appelant sous les drapeaux tous les enfants du pays. Le silence du recueillement s'est alors brusquement abattu sur les villes et sur les campagnes de France.

Plus de folles réjouissances, plus de vaines convoitises ! Les fêtes ont cessé, spontanément chacun a compris que désormais une seule pensée devait dominer tous les esprits et faire battre tous les cœurs : le salut de la patrie.

On ne pensait plus qu'à se dévouer, et tous déployaient la plus merveilleuse ingéniosité pour arriver à se rendre utiles.

Cette union extraordinaire s'est opérée sans à-coup, naturellement, simplement.

Qu'elles vous sont apparu tout à coup

mesquines et ridicules les querelles qui, la veille encore, mettaient tant d'excitation artificielle dans votre vie ! Comme vous les avez trouvés vains les désirs qui auparavant remplissaient vos âmes !

Il vous semblait si difficile jadis de subir les moindres privations et de faire à l'accomplissement de vos devoirs le plus léger sacrifice de vos aises. Et voilà que sans effort vous pratiquiez les plus hautes vertus : renoncement, dévouement, complet oubli de vous-mêmes.

La grande voix de la patrie s'était fait entendre et tout le peuple avait répondu à son appel.

En voulez-vous la preuve ?

Je ne citerai qu'un exemple.

Quand vos époux et vos fils vous ont quittés pour rejoindre leurs régiments, quel a été votre premier mouvement, ô femmes, ô mères de France ?

Un mouvement de révolte.

Ne vous en défendez pas ; c'était trop naturel.

De quel droit la collectivité venait-elle vous arracher ceux qui faisaient votre orgueil et votre bonheur ?

Aviez-vous placé tous les trésors de votre affection sur la tête d'un homme choisi entre mille pour voir une balle imbécile les anéantir à jamais ? Aviez-vous élevé avec tant de soins le fils tant aimé pour le précipiter ensuite dans la mêlée infernale ?

Et vous pensiez d'abord à vous jeter devant l'appelé et à lui crier : Reste ! Tu m'appartiens d'abord à moi et je ne te donnerai à personne !

Et puis qu'avez-vous fait ?

Le voici :

Vous avez refoulé les larmes qui se pressaient à flots sous vos paupières, vous avez soigneusement dissimulé vos déchirements intérieurs et c'est la voix assurée, que vous avez dit, en mettant tout votre amour douloureux dans un baiser souriant : « Pars ! sois courageux ! ne pense plus à moi, donne-toi tout à elle, à la grande famille qui s'appelle la France ! »

La nature avait été vaincue en vous, si je puis m'exprimer de la sorte, par la surnature.

Qu'il est donc beau, qu'il est donc majestueux l'amour de la patrie quand il opère de pareils miracles !

Des esprits chagrins prétendaient que notre âge ne connaissait plus les grands enthousiasmes, créateurs d'héroïsme. Quelle folie !

L'héroïsme, mais on le rencontre maintenant partout, et dans le geste de la femme du peuple qui adopte gaiement les enfants des réfugiés, et dans celui de la femme du monde qui échange ses toilettes de soirée pour l'humble uniforme des infirmières. On le trouve aussi dans ces lettres si simples et si touchantes du petit soldat, qui, sous un feu d'enfer, jette encore hâtivement sur le papier les échos de sa bonne humeur. L'héroïsme, mais il est presque devenu la monnaie courante dans notre société, hier encore égoïste et jouisseuse.

Avant la guerre nous ne pensions qu'à nos affaires et à nos plaisirs ; maintenant toutes les pensées et tous les mouvements affectifs de la foule convergent vers le même idéal patriotique.

La mère des Macchabées trouva, dans sa foi, le courage sublime de prodiguer des consolations à ses fils dans l'horreur même des tortures. Ne suivez-vous pas son exemple, vous tous, chrétiens, qui soutenez de vos encouragements ceux qui se battent là-bas, alors que les pires angoisses vous étreignent ?

Et je chercherai encore plus haut une comparaison, peut-être audacieuse, mais dont vous m'excuserez.

Sur le Golgotha, au pied du Gibet sanglant, se tenait droite et résignée une femme dont le cœur agonisait. Aucune plainte ne sortait de ses lèvres. Elle s'associait au contraire presque joyeusement au sacrifice de Celui qui, dans le plus cruel des supplices, offrait volontairement Sa vie pour le salut des hommes.

Parents chrétiens, si vous savez comprendre toute la divine beauté de ce que la patrie attend de vous, vous imiterez, ou plutôt non ! vous imitez déjà la Mère de Dieu dans sa douloureuse générosité.

* * *

La récompense est d'ailleurs au bout de ces prodigieuses tortures morales, récompense matérielle dans la victoire, récompense morale et religieuse dans la certitude que ceux qui sont tombés au champ d'honneur reposent dans le sein de Dieu.

Les théologiens nous disent que le martyre est le sacrifice de la vie consenti dans l'exercice héroïque d'une vertu.

Le martyre lave de tous les péchés parce qu'il comporte le plein don de soi-même à la Divinité.

Que pouvons-nous en effet donner de plus précieux que notre existence avec toutes les satisfactions, toutes les joies qu'elle nous promettait ?

D'un autre côté, Dieu a créé l'homme sociable. Il lui a donné un foyer, une famille, base nécessaire de la société, et autour de cette famille Il a placé la barrière protectrice du quatrième commandement.

Or qu'est-ce que la patrie, sinon la famille agrandie ? On aime, on doit aimer son pays, comme on aime et doit aimer ses parents.

L'amour de la patrie est donc une vertu; une vertu basée sur les assises mêmes que Dieu a données au monde, quand il dicta sa loi à Moïse sur le mont Sinaï. Et dès lors il est permis de tirer de ces prémices la conclusion suivante :

Le soldat, qui, pour défendre la terre sacrée de la grande famille nationale, s'en va le cœur débordant d'enthousiasme et le sourire aux lèvres au-devant de la mitraille, expose sa vie dans l'exercice d'une vertu et il pratique cette vertu de la façon la plus héroïque.

S'il accepte d'avance la mort pour remplir son devoir, on peut, on doit le considérer comme un martyr.

Saint Thomas a raison lorsque sur la tête du soldat tombé au cours d'une guerre juste pour la défense du droit méconnu, il dépose respectueusement la couronne des témoins sanglants de la vérité, et quand à ces héros, il ouvre largement les portes du ciel, même si la victime n'a pas eu le temps, avant de mourir, de recevoir le pardon sacramentel de ses fautes passées.

Le sang lave toutes les taches aux yeux de Celui qui, lorsqu'Il voulut marquer son amour infini au monde, ne trouva rien de mieux que d'arroser du Sien le bois sacré de la Croix.

Voilà ce qu'il fallait rappeler en ces jours tragiques aux familles chrétiennes.

Vaines consolations, direz-vous. Non !

pure doctrine de l'Eglise. Supportez donc vaillamment l'épreuve, époux et parents croyants, dont la mort a fauché les espérances.

Vous n'aviez qu'un rêve : amener lentement à Dieu ceux qui vous étaient chers. Or, d'une seule étreinte, ceux-ci se sont confondus avec Lui, brûlant les lentes et pénibles étapes de la vie chrétienne pour arriver d'un bond à la perfection.

Ah ! quelle belle, quelle riche moisson s'accumule dans les greniers du Maître ! Comme ils sont nombreux ceux qui, pour me servir du langage poétique de l'Ecriture, derrière la longue théorie blanche des vierges, accompagnent maintenant l'Agneau, vêtus de la pourpre étincelante des martyrs ! Et combien la France, à laquelle tous ces jeunes héros avaient déjà fait un rempart de leurs corps, va dorénavant compter là-haut de puissants protecteurs !

Phalange sacrée, dont les prières monte-

ront comme l'encens, pendant toute l'Eter-
nité devant le trône de Dieu, pour obtenir
que leur pays ne connaisse plus de défaillance et qu'il remplisse dorénavant,
sans hésitation, sa haute mission civilisatrice.

* * *

Un pays dont l'histoire ne fut qu'une
longue épopée et qui encore aujourd'hui,
après avoir traversé tant et de si violentes
crises intérieures, est capable de telles
reprises d'énergie, ne saurait mourir.

La France a jalousement gardé, au
cours des âges, le trésor des traditions
chrétiennes. Elle est maintenant appelée
à sauver le latinisme contre les entreprises
des barbares du Nord.

La grande vague de douleur et de sang
qui passe sur elle l'a complètement régé-
nérée.

Tous les sacrifices consentis avec tant
d'abnégation ne seront pas perdus. Ils

péseront très lourd dans la balance du Dieu des armées.

Et c'est pour cela qu'avec une confiance absolue, tendant nos bras vers le ciel, nous nous écrierons :

O Dieu de Clovis et de Charlemagne, de Saint Louis et de Jeanne la Lorraine, Dieu d'Odile, notre chère petite sainte alsacienne, donnez la victoire aux armées de la Fille aînée de l'Eglise. Vous le savez la France fut toujours votre meilleur soldat, elle fut toujours le pays des prodigieuses résurrections, des généreuses initiatives, de la charité la plus agissante. Si elle triomphe, ce sera votre cause qui triomphera ; car, malgré ses erreurs mo mentanées, elle redeviendra sous Votre garde et avec Votre assistance, l'infatigable semeuse, et bientôt vous la verrez de nouveau, d'un geste large, jeter abondamment dans les sillons du monde les semences de la foi, de la bonté et de la sainte liberté.

TABLE DES MATIÈRES

I. PROPOS DE GUERRE.

II. TYPES D'ALLEMANDS.

III. ALLOCUTION DU 5 SEPTEMBRE

Étampes. — Imp. La Semeuse